Fy Llawlyfr Gorbryder

Fy Llawlyfr Gorbryder

Mynd yn ôl ar y trywydd iawn

Sue Knowles, Bridie Gallagher
a Phoebe McEwen

Darluniau gan Emmeline Pidgen

GRAFFEG

Fy Llawlyfr Gorbryder
Cyhoeddwyd yng Nghymru yn 2023 gan Graffeg

Graffeg Cyf., 24 Canolfan Busnes Parc y Strade,
Heol Mwrwg, Llangennech, Llanelli, Sir Gaerfyrddin
SA14 8YP. www.graffeg.com

Cyhoeddwyd gyntaf yn 2018
gan Jessica Kingsley Publishers,
73 Collier Street, Llundain N1 9BE
www.jkp.com
dan y teitl *My Anxiety Handbook*
© Sue Knowles, Bridie Gallagher a Phoebe McEwen 2018

Awduron: Sue Knowles, Bridie Gallagher, Phoebe McEwen
Darluniau: Emmeline Pidgen
Addasiad: Testun Cyf.
Dylunydd yr argraffiad Cymraeg: Joana Rodrigues

ISBN 9781802584486

Cyhoeddwyd gyda chymorth ariannol Cyngor Llyfrau Cymru
www.gwales.com

Gellir lawrlwytho'r holl dudalennau sydd wedi eu marcio â ☑
yn https://indd.adobe.com/view/db13d448-dd82-4206-
a237-90579410b2aa at ddefnydd personol gyda'r rhaglen
hon, ond ni chaniateir eu hatgynhyrchu at ddibenion eraill heb
ganiatâd y cyhoeddwr.

I'r holl bobl ifanc sydd wedi dysgu cymaint i ni am
orbryder, eu gonestrwydd a'u dewrder.

I Maureen; ni fydd ei thosturi, ei nerth a'i desg
afresymol o flêr byth yn mynd yn angof.

CYNNWYS

DIOLCHIADAU

Mae gan bob un ohonon ni ein teuluoedd, ein ffrindiau a'n mentoriaid, y rhai rydyn ni wedi gwerthfawrogi a thrysori eu cefnogaeth, ac ni fydden ni wedi ysgrifennu'r llyfr hwn hebddyn nhw. Maen nhw nid yn unig wedi rhannu eu meddyliau a'u profiadau eu hunain, ond yn bwysicaf oll, maen nhw wedi ein helpu ni i reoli (ac anghofio) ein pryderon a'n hamheuon ein hunain am gofnodi ein syniadau personol a phroffesiynol am ddelio â gorbryder. Gobeithio eich bod chi'n gwybod pwy ydych chi.

Hoffai Phoebe ddiolch yn arbennig ac o waelod calon i'w rhieni. Hebddyn nhw, fyddai hi ddim wedi dod mor bell â hyn ar y daith i oresgyn ei phryderon, ac ni fyddai'n teimlo y gallai sôn am ei gorbryder fel mae hi wedi ei wneud yn y llyfr hwn. Hoffai Sue ddiolch o galon i'w phartner Ben am ei holl gefnogaeth, ac i'w meibion annwyl; mae'r hynaf o'r tri wedi cael ei dalu mewn hufen iâ am ei ymateb i bob pennod. Hoffai Bridie ddiolch i'w phartner Chris am ei anogaeth a'i gefnogaeth, ac i'w plant egnïol am ei chadw mor brysur fel nad oes ganddi ddim amser bellach i bryderu am ddim byd.

Rydyn ni mor ddiolchgar i'r holl deuluoedd a'r bobl ifanc sydd wedi rhannu eu poen, eu pryderon, eu methiannau a'u llwyddiannau, yn y llyfr hwn ac yn ein gwaith. Rydych chi wedi ein hysbrydoli ni ac wedi dysgu cymaint i ni am orbryder, ymdopi a gwydnwch. I'r rheini ohonoch chi sydd wedi bod yn ddigon dewr i rannu eich straeon yma, rydyn ni'n meddwl eich bod chi'n anhygoel. Fyddai'r llyfr hwn ddim wedi bod yn bosib hebddoch chi.

Diolch yn fawr i'r rhai a ddarllenodd y copi drafft (Steve, Andy a Tom) am eich adborth, eich amynedd a'ch llygaid craff. Yn olaf, diolch i Kim, Amy, Steve, Emily a'r tîm yn Jessica Kingsley Publishers am gytuno â ni fod y llyfr hwn yn syniad da ac am ein helpu i'w rannu â chymaint â phosib o bobl ifanc sy'n delio â gorbryder.

RHAGAIR

Roedd sawl rheswm dros benderfynu ysgrifennu'r llyfr hwn. Rydyn ni'n gwybod pa mor gyffredin yw gorbryder ymhlith pobl ifanc a pha mor anodd mae'n gallu bod i gael help. Rydyn ni hefyd yn gwybod bod pethau gwahanol yn gweithio i bobl wahanol (does neb yr un fath), felly rydyn ni wedi trio cynnwys llawer o dechnegau a strategaethau gwahanol, fel dy fod ti'n gallu gweld beth sy'n gweithio orau i ti. Mae'r llyfr hwn yn perthyn i TI (oni bai dy fod ti wedi ei fenthyg o'r llyfrgell!) felly mae croeso i ti amlygu, tanlinellu ac ychwanegu nodiadau Post-it pan fyddi di yn ei ddarllen ac yn gweld darnau sy'n taro deuddeg. Yna, ar ddiwedd y llyfr, galli di roi'r darnau hynny i gyd at ei gilydd fel rhan o dy Gynllun Goroesi Gorbryder.

Ein bwriad oedd i'r llyfr hwn adleisio ein cred bod gorbryder yn emosiwn dynol normal ac iach – ond ei fod weithiau yn gallu mynd mor fawr nes ei fod yn creu rhwystrau yn ein bywydau pob dydd. Mae'r llyfr yn frith o ddyfyniadau a phrofiadau personol, a Phennod 12 yn cynnwys straeon pobl ifanc am eu gorbryderon a'u pryderon ac am ddysgu i ymdopi. Rydyn ni'n gobeithio y byddan nhw o help i ti.

Wrth ysgrifennu'r llyfr hwn, roedden ni'n ymwybodol iawn ein bod ni'n dal i brofi ein gorbryderon ni ein hunain. Yn ddiweddar, cafodd Bridie bwl o banig ar ôl meddwl ei bod hi wedi arbed dogfen ar ddamwain dros bennod Sue; roedd Sue ar binnau yn disgwyl am ateb i e-bost gan y cyhoeddwr ac yn neidio bob tro roedd ei ffôn yn gwneud sŵn; ac roedd Phoebe yn gyfuniad aflonydd o bryder a chyffro – doedd hi erioed wedi helpu i ysgrifennu llyfr o'r blaen!

Gobeithio y bydd y llyfr hwn o fudd i ti, a phob lwc ar dy daith wrth i ti drio mynd yn ôl ar y trywydd iawn.

Sue, Bridie a Phoebe

X

1

Gorbryder – yr hanfodion

Beth yn union yw gorbryder?

Gorbryder yw'r hyn sy'n digwydd pan fydd ein cyrff yn meddwl ein bod ni dan fygythiad. Mae'r rhan fwyaf o bobl yn disgrifio'r teimlad fel un annymunol, ond mae'r synhwyrau corfforol yn gallu bod yn debyg iawn i deimladau o gyffro. Pan fyddwn ni'n orbryderus, y gwahaniaeth yw ein bod ni hefyd yn cael meddyliau gorbryderus neu'n dehongli'r teimlad fel un 'drwg'. Mae 'nerfus', 'ofnus' neu 'pryderus' yn eiriau eraill sy'n cael eu defnyddio'n aml i ddisgrifio teimlo'n orbryderus.

Mae pawb yn ymateb ychydig yn wahanol pan fyddan nhw'n orbryderus. Mae rhai'n teimlo gorbryder yn y corff yn bennaf, ac yn teimlo synwyriadau – *sensations* – yn y stumog, y frest a hyd yn oed yn y breichiau a'r coesau weithiau. Mae eraill yn dweud bod gorbryder 'yn eu pen' oherwydd y prif beth maen nhw'n sylwi arno yw bod eu meddyliau ar ras. Mae'r pethau hyn yn digwydd yn ein corff ac yn ein meddwl oherwydd, wrth i'r corff sylwi ar 'fygythiad', mae'n ymateb yn yr un ffordd ag y byddai wedi ei wneud pan oedden ni'n byw mewn ogofâu. Bryd hynny, roedden ni'n cael ein bygwth gan ysglyfaethwyr ac yn poeni am gael ein curo i farwolaeth gan ddynion cyntefig eraill. Nawr, rydyn ni'n poeni mwy efallai am bethau fel arholiadau ac yn teimlo bygythiad gan grwpiau newydd o bobl. Felly mae'r ymennydd, fel y mae wedi ei wneud ers cyn cof, yn defnyddio'r wybodaeth sy'n cael ei chasglu gan y llygaid a'r clustiau i sylwi ar fygythiadau o dy gwmpas. Yna, heb ofyn dy farn di, mae'n rhyddhau nifer o gemegion sy'n cael effeithiau uniongyrchol ar dy gorff ac ar dy ffordd o feddwl.

Mae'r cemegion hyn yn effeithio ar dy anadlu, dy system dreulio, cyfradd curiad dy galon, llif y gwaed a thyndra'r cyhyrau. Y nod yw dy baratoi i ddianc yn gyflym ac yn bell iawn o'r bygythiad (*ffoi*), curo'r dyn cyntefig yn ddu las (*ymladd*) neu esgus dy fod wedi marw fel bod yr un sy'n bygwth yn dy adael (*rhewi*). Felly, mae cyfradd curiad dy galon a dy anadlu'n cyflymu, mae dy waed yn llifo o'r organau mewnol a thuag at dy freichiau a dy goesau, fel eu bod nhw'n barod i redeg neu ymladd, ac mae dy gyhyrau'n tynhau. Canlyniadau anfwriadol hyn i gyd yw dy fod ti'n teimlo ar bigau drain ac ychydig yn gyfoglyd, neu fod dy stumog yn corddi. Efallai y byddi di'n dechrau chwysu a theimlo'n benysgafn neu'n chwil, hyd yn oed pan wyt ti'n eistedd yn llonydd. Ffyrdd hynod glyfar yr ymennydd o dy helpu i fod yn barod i reoli bygythiad yw'r holl ymatebion hyn. Ond oherwydd bod bygythiadau wedi newid yn sylweddol ers i'r system fygwth hon esblygu, dydy'r ymatebion hyn ddim mor ddefnyddiol ag yr oedden nhw ar un adeg. Os nad ydyn ni'n deall beth mae'r corff yn ei wneud, mae'r ymatebion hyn a'r 'symptomau' eu hunain yn gallu achosi hyd yn oed mwy o orbryder.

Mae rhai pobl yn profi gorbryder bob dydd; mae eraill ddim ond yn teimlo'n orbryderus o bryd i'w gilydd. Bydd ymennydd rhai pobl yn sbarduno'r adweithiau cemegol yn llawer haws nag ymennydd pobl eraill. O edrych ar yr ymchwil, rydyn ni'n tybio mai'r rheswm am hyn yw eu bod nhw naill ai wedi eu geni â system fygythiad sensitif (genynnau) neu wedi wynebu profiadau anoddach a straen (amgylchedd) neu gyfuniad o'r ddau. Mae hyn yn cael ei drafod yn fanylach ym Mhennod 2. Mae llawer o wahaniaethau unigol, ond rydyn ni'n gwybod bod *pawb* yn profi gorbryder.

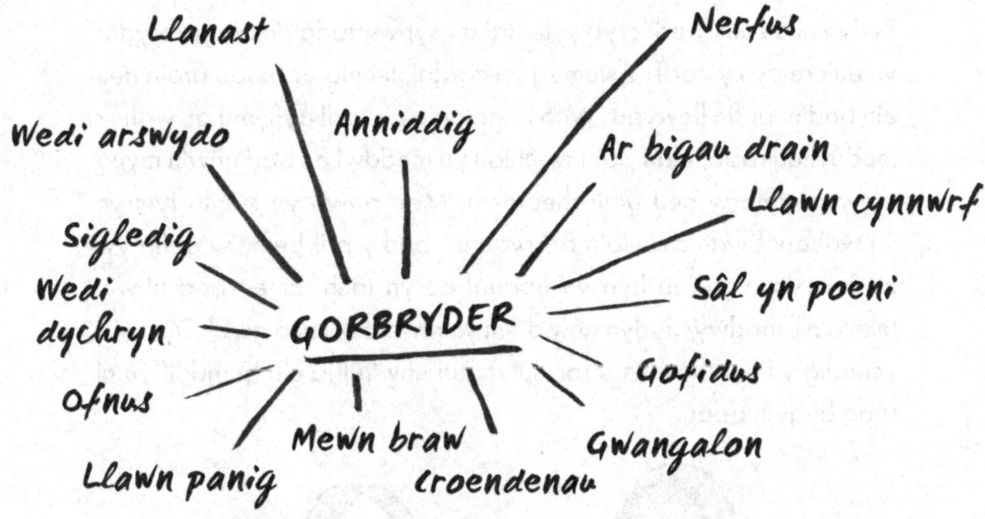

Beth sy'n digwydd pan dwi'n orbryderus?

Meddyliau gorbryderus

Pan ydyn ni'n orbryderus, mae sawl peth yn digwydd i'n ffordd ni o feddwl. Mae'n dod yn haws i ni feddwl am ganlyniadau negyddol yn hytrach na rhai cadarnhaol, rydyn ni'n cael ein caethiwo gan gwestiynau 'beth os', ac mae'r ymennydd meddwl yn cau i lawr a'r ymennydd bygythiad (sy'n canolbwyntio ar ddim byd ond goroesi) yn cymryd drosodd. O ganlyniad, mae'n anoddach defnyddio rhannau o'r ymennydd a fyddai fel arfer yn ein helpu i ddatrys problemau a gweld y cyd-destun ehangach, oherwydd dydy'r rhannau hynny ddim 'ar-lein' wrth i ni reoli'r bygythiad. Mae'r ymennydd gorbryderus yn dewis rhwng 'ffoi', 'ymladd' neu 'rewi' yn hytrach nag un o'r dewis llawn o ymddygiadau neu ymatebion sydd fel arfer ar gael i ni. Mae hon yn ffordd wirioneddol effeithiol o ddelio â bygythiadau corfforol a oedd yn gyffredin i ddynion cyntefig, ond dydyn nhw ddim mor fuddiol ar gyfer y sefyllfaoedd cymdeithasol cymhleth sy'n rhan o'n bywydau ni erbyn heddiw.

Synwyriadau corfforol gorbryderus

Rydyn ni eisoes wedi crybwyll rhai o'r synwyriadau mae gorbryder yn eu creu yn y corff. Y stumog yn corddi, teimlo ar bigau drain neu ein bod ni ar fin llewygu. Wrth i'r galon a'r anadl gyflymu ac wrth i'r meddyliau rasio, mae pobl weithiau yn meddwl eu bod nhw'n mynd i lewygu, marw neu golli rheolaeth. Mae pawb yn teimlo fymryn yn wahanol wrth deimlo'n orbryderus, ond y prif beth i'w gofio yw bod y synwyriadau hyn yn *normal* ac yn iach. Er eu bod nhw'n teimlo'n ofnadwy, dydyn nhw ddim yn niweidiol i ni o gwbl. Dim ond ychydig yn hen ffasiwn o ran sut maen nhw'n trio ein hamddiffyn ni rhag bygythiadau.

Ymddygiadau gorbryderus

Yr ymddygiad mwyaf cyffredin rydyn ni'n ei weld pan fydd pobl yn orbryderus yw eu bod nhw'n *osgoi'r* hyn sydd, yn eu barn nhw, yn eu gwneud nhw'n orbryderus. Mae'n bosib y byddan nhw hyd yn oed yn osgoi llefydd sydd, yn eu barn nhw, yn fwy tebygol o wneud iddyn nhw deimlo'n orbryderus neu ble mae sbardun (achos neu ffynhonnell) y gorbryder. Os ydyn ni'n teimlo ein bod ni'n methu dianc rhag sbardun ein gorbryder, rydyn ni naill ai yn codi llais a/neu'n ymddwyn yn fwy bywiog, neu'n aros yn hynod o dawel a llonydd. Gallwn fynd yn ôl at esblygiad gorbryder ac ymatebion ffoi, ymladd neu rewi i ddeall yr ymddygiadau hyn. Y broblem gydag osgoi fel ymateb greddfol i'n gorbryder yw ein bod ni'n methu profi a oedd angen i ni boeni am sefyllfa benodol yn y lle cyntaf, na phrofi chwaith a fyddwn ni'n gallu ymdopi pan fydd pethau'n mynd yn anodd. Er enghraifft, mae athro yn gofyn cwestiwn i ti yn y dosbarth. Dydy o ddim yn gwestiwn anodd iawn, ond oherwydd nad oeddet ti'n talu sylw, mae dy feddwl yn mynd yn wag. Rwyt ti'n teimlo pawb yn aros ac yn edrych arnat ti, felly rwyt ti'n dechrau teimlo'n hunanymwybodol iawn. Rwyt ti'n cochi, mae cledrau dy ddwylo'n chwysu, ac mae dy galon yn curo pymtheg y dwsin. Ar ôl ychydig eiliadau (sy'n teimlo'n hirach o lawer) mae'r athro yn symud ymlaen at ddisgybl arall sy'n ateb y cwestiwn yn gywir. Ar ôl hyn, mae hyd yn oed meddwl am athro yn gofyn cwestiwn i ti yn gwneud i ti deimlo'n orbryderus ac i dy galon di guro'n gyflymach. Rwyt ti'n dechrau gwneud pethau bach i fod yn fwy anodd dy weld yn y dosbarth, er enghraifft, dwyt ti ddim yn edrych ar dy athrawon, fel nad oes neb yn dy ddewis di i ateb cwestiwn. Rwyt ti'n rhoi'r gorau'n llwyr i ateb cwestiynau'n wirfoddol. Yn y tymor byr, mae hyn yn gwneud i ti deimlo'n fwy diogel ('Diolch byth, wnaeth neb o'r athrawon fy newis i heddiw'). Ond yn y tymor hir, rwyt ti'n cymryd llai o ran yn y dosbarth, dwyt ti ddim yn cael adborth cadarnhaol gan dy athrawon ac rwyt ti'n colli cyfle i ddysgu dy fod ti'n *gallu* ateb cwestiynau a hyd yn oed ymdopi â thawelwch anghyfforddus. Os wyt ti'n dal ati i osgoi ateb cwestiynau yn y dosbarth ac yn dechrau teimlo dy fod ti'n methu ateb cwestiwn o gwbl, mae'r stori dy fod ti'n 'analluog' yn troi'n 'ffaith', ac yna mae gennyt ti broblem fawr iawn.

Beth sy'n wych am orbryder?

Efallai dy fod ti'n meddwl bod hon yn adran wirion iawn o'r bennod, yn enwedig os yw gorbryder yn gwneud dy fywyd di'n ddiflas ar hyn o bryd. Ond mae'n bwysig cofio bod gorbryder yn ddefnyddiol ac na fydden ni eisiau bod hebddo. Roedd rheswm da dros ddatblygu ymateb ffoi, ymladd a rhewi, ac er bod gennym ni bethau i'w hofni a phryderon sy'n fwy cymhleth erbyn hyn, mae angen ein gorbryder arnon ni o hyd i wneud i'n bywydau weithio.

Beth petai rhieni ddim yn teimlo'n orbryderus am eu babi newydd? Efallai na fydden nhw'n trafferthu gwneud y tŷ yn ddiogel i fabanod, efallai na fydden nhw'n trafferthu gofalu fod seddi car wedi eu gosod yn iawn. Dydy sefyllfaoedd tebyg i'r rhain byth yn dda iawn i'r babi.

Mae pryderu am arholiadau yn gallu creu straen, ond ydy hynny'n waeth na pheidio â phryderu am arholiadau? Heb unrhyw orbryder am y dyfodol, mae'n debyg y bydden ni'n eistedd i lawr ac yn bwyta hufen iâ yn hytrach nag adolygu. Wedi'r cyfan, pa un o'r ddau sydd fwyaf dymunol?

Yn y llyfr hwn, dydyn ni ddim yn trio cael gwared ar dy orbryder. Mae hynny'n syniad hyfryd, ond rydyn ni wir yn meddwl bod gorbryder yn rhan bwysig a defnyddiol o dy fywyd. Oes, mae angen ei ddeall yn well, ac efallai fod angen ei ddofi, i ofalu ei fod yn fwy o help i ti nag o broblem.

Beth yw anhwylder gorbryder?

Mae llawer mwy o drafod a gwybodaeth am 'anhwylderau iechyd meddwl' ar gael erbyn hyn. Mae'n gallu swnio braidd yn frawychus! Pan fyddwn ni'n sôn am 'anhwylderau gorbryder', dydy hyn ddim ond yn golygu bod gorbryder yn dechrau ymyrryd â'r ysgol, cyfeillgarwch a gweithgareddau dyddiol. Mae hefyd yn golygu bod y gorbryder wedi bod yn dy boeni di am fwy na rhai dyddiau neu rai wythnosau hyd yn oed – mae yno ers misoedd.

Mae seicolegwyr a gweithwyr iechyd meddwl eraill yn anghytuno rywfaint ynglŷn â diagnosis o 'anhwylder' a sut mae'r gair yn cael ei ddefnyddio. Mae rhai pobl yn meddwl ei bod yn ffordd ddefnyddiol, ffordd sydd ddim yn beio neb, i helpu pobl i ddeall sut mae teimladau ac ymddygiadau yn gallu achosi problemau. Mae eraill yn credu ei bod yn gwneud i bobl deimlo bod rhywbeth o'i le arnyn nhw oherwydd eu bod nhw'n gofidio. Un o'r prif ddadleuon yn erbyn defnyddio'r gair 'anhwylder' yw bod dioddef a gofidio yn rhan o'r cyflwr dynol, felly pam rydyn ni'n ei drin fel salwch?

Rydyn ni (yr awduron) o'r farn mai'r peth pwysicaf i'w gofio yw bod gorbryder yn normal, ond ddylen ni ddim anwybyddu gofid. Os yw rhywbeth amlwg yn achosi'r gorbryder, mae'n hynod bwysig peidio â thrio ei 'reoli' fel petai'n salwch. Yn aml, teimlo'n orbryderus yw ffordd y corff a'r ymennydd o roi gwybod bod rhywbeth o'i le yn dy amgylchedd a bod angen i ti, neu'r oedolion o dy gwmpas, newid ambell beth. Er enghraifft, os oes rhywun yn dy frifo di neu yn dy fychanu a bod hynny'n gwneud i ti deimlo'n orbryderus, rhaid gweithio ar yr achos ac nid ar y gorbryder. Rydyn ni'n deall pa mor frawychus yw dweud wrth rywun am beth sy'n digwydd, oherwydd rwyt ti'n poeni na fydd yn dy gredu di neu y bydd hyd yn oed yn dy feio di am yr hyn sy'n digwydd. Anaml iawn mae hyn yn wir. Gallwn ni dy sicrhau di bod rhoi gwybod i oedolyn rwyt ti'n ymddiried ynddo (rhiant, athro neu rywun arall rwyt ti'n teimlo'n ddiogel yn ei gwmni) yn golygu y gall hwnnw dy helpu i'w stopio, cynnig cymorth i ti neu roi cyngor am beth i'w wneud nesaf. Os oes rhywun yn dy frifo di a thithau'n teimlo nad oes gennyt ti neb i wrando arnat ti, mae sefydliadau ar gael sy'n gallu cynnig help a chyngor (mae manylion ar gael yn yr adran Gwybodaeth Ddefnyddiol ar ddiwedd y llyfr).

Ym Mhennod 11, rydyn ni'n sôn mwy am sut mae dweud wrth rywun dy fod ti'n teimlo'n orbryderus.

Pwy sy'n cael diagnosis o anhwylder gorbryder?

Weithiau mae gweithiwr proffesiynol yn cofnodi'r term 'anhwylder gorbryder', ac yn sydyn iawn, mae wedi dod yn rhywbeth sydd 'arnat' ti. Does dim byd o'i le ar holi gweithwyr proffesiynol i weld sut maen nhw wedi dod i'r casgliadau hyn. Dro arall, mae'n bosib y cei di wybod yn union beth sy'n digwydd a chael dy arwain drwy broses drefnus o ateb llawer o gwestiynau am dy orbryder a sut mae'n effeithio ar dy fywyd di. Dim ond os bydd y gorbryder wedi bod gennyt ti ers nifer o fisoedd ac yn achosi problemau sylweddol gartref, yn yr ysgol a/neu yn dy fywyd cymdeithasol y dylid rhoi diagnosis. Dylid asesu effaith y gorbryder o dy safbwynt di ac o safbwynt y rhai sy'n dy adnabod orau, fel rhieni ac athrawon.

Yn aml, mae diagnosis yn helpu'r gweithwyr proffesiynol i benderfynu ar y ffordd orau i dy helpu di gyda'r broblem a dechrau datblygu cyd-ddealltwriaeth.

Mae fformiwleiddio yn ffordd arall o ddeall gorbryder. Y gwahaniaeth rhwng hynny a diagnosis yw ei fod yn defnyddio stori am dy ofnau, dy bryderon neu dy ymddygiad yn hytrach na label. Mae stori yn golygu ei bod yn fwy personol i ti, ac yn cynnwys dy anghenion a dy gryfderau. Mae fformiwleiddio hefyd yn ystyried sut mae profiadau'r gorffennol wedi effeithio ar dy orbryder di nawr, a sut rwyt ti'n ymdopi ag o (mae rhagor o wybodaeth am darddiad gorbryder ym Mhennod 2). Amcan fformiwleiddio yw nodi beth sy'n cynnal dy orbryder di fel y galli di gymryd camau i fynd yn ôl ar y trywydd iawn. Dylai'r Cynllun Goroesi Gorbryder ym Mhennod 13 dy roi di ar ben ffordd wrth i ti fynd ati i fformiwleiddio.

Fydd gorbryder sy'n broblem yn diflannu ohoni'i hun?

Rydyn ni'n gwybod y bydd tua 1 o bob 20 o bobl ifanc yn profi gorbryder mor ddifrifol, bydd yn cael ei ystyried yn "anhwylder". Rydyn ni hefyd yn gwybod y bydd y rhan fwyaf ohonyn nhw'n gwella, ac na fyddan nhw'n dioddef o orbryder a fydd yn achosi problemau difrifol iddyn nhw pan fyddan nhw'n oedolion. Felly, gallet ti obeithio y byddi di'n dod trwy'r amser anodd ac y bydd y gorbryder yn diflannu, gan mai dyna sy'n digwydd i'r rhan fwyaf o bobl. Ond rydyn ni hefyd yn gwybod bod y rhan fwyaf o oedolion sy'n byw gyda gorbryder difrifol wedi dechrau cael trafferthion pan oedden nhw'n blant neu'n bobl ifanc. Yn ein barn ni, mae'n help mawr i bobl ifanc ddod i ddeall gorbryder yn gynnar yn eu bywydau a dod o hyd i'r sgiliau a'r strategaethau ymdopi sy'n addas iddyn nhw ar gyfer rheoli gorbryder. Os byddi di'n meistroli'r sgiliau hyn nawr, byddi di'n barod am unrhyw beth! Ym Mhennod 12 mae hanes pobl ifanc sydd wedi bod â gorbryder ac wedi dod drwyddi. Rydyn ni hefyd yn gwybod ei bod hi'n dod yn broblem sylweddol i tua 1 oedolyn o bob 10 ar ryw adeg. Bydd dy ddealltwriaeth a dy sgiliau yn golygu bod gennyt ti'r adnoddau i ymdopi â straen bob dydd ac unrhyw brofiadau anodd a allai ddod i dy ran mewn bywyd.

Sut mae'r llyfr hwn yn helpu gyda gorbryder?

Yn y llyfr hwn, ein nod yw cyflwyno gwybodaeth a hanesion pobl ifanc er mwyn dy helpu i ddeall dy orbryder a'i darddiad yn well, ac egluro nifer o ddulliau a strategaethau gwahanol i dy helpu i'w reoli'n well. Mae'r syniadau yn y llyfr yn dod o astudiaethau ymchwil, ein profiadau ni o weithio gyda phobl ifanc, a phrofiadau pobl ifanc fel Phoebe a'r hyn sydd wedi eu helpu nhw fwyaf. Mae'n debyg y bydd rhai o'r dulliau yn dy helpu di ac eraill ddim cymaint – does dim byd o'i le ar hynny, bydd rhai pethau'n gweithio'n well i rai nag eraill. Mae'n bwysig cofio hefyd bod angen strategaethau gwahanol ar adegau gwahanol, felly mae'n bwysig cadw meddwl agored. Ein gobaith yw y byddi di'n gallu rhoi cynnig ar rai o'r syniadau a llunio dy Gynllun Goroesi personol (manylion ym Mhennod 13). Byddi di'n gallu rhannu hwn â phobl sy'n agos atat ti, er mwyn dy helpu i deimlo dy fod ti'n gallu rheoli dy orbryder a wynebu unrhyw beth.

❦ 2 ❦

Deall tarddiad fy ngorbryder

Os wyt ti'n cael anhawster gwirioneddol gyda gorbryder, mae'n bosib dy fod ti'n meddwl, "Pam fi?!" Wrth edrych o gwmpas ar ein ffrindiau, ein hathrawon a hyd yn oed ein teuluoedd, gallen ni feddwl mai ni yw'r unig rai sy'n cael trafferth gyda'r teimladau hyn o ofn neu nerfusrwydd, a'r unig bobl y mae eu bywydau'n cael eu cyfyngu ganddyn nhw. Mae gwaith ymchwil yn dangos i ni nad wyt ti ar dy ben dy hun, mae hynny'n sicr. Mae gorbryder yn effeithio ar fywydau llawer o bobl bob blwyddyn, yn hen ac ifanc – felly pam mae'n gwneud i ni deimlo yn aml ein bod ni wedi'n hynysu?

Mewn sawl diwylliant cyfoes, rydyn ni'n aml yn dysgu ein plant i beidio â dangos gwendid neu fannau poenus i eraill. Bydd llawer ohonon ni wedi dysgu o'r ysgol, neu gan ein rhieni, y dylen ni guddio emosiynau negyddol fel gorbryder neu dristwch ac esgus bod yn ddewr, rhag ofn i ni 'edrych fel babi' neu beidio ag 'actio ein hoed'. Rydyn ni'n dysgu ei bod hi'n iawn dangos ofn pan fyddwn ni'n ifanc, ond na ddylen ni ddangos hynny i bobl eraill pan fyddwn ni'n hŷn. Mewn sawl diwylliant, mae hyn yn arbennig o wir o ran bechgyn a dynion ifanc, ond rydyn ni i gyd yn gallu teimlo'r pwysau i roi'r argraff ein bod ni'n ymdopi, neu hyd yn oed yn ffynnu, drwy'r amser. Gyda phawb nawr yn defnyddio'r cyfryngau cymdeithasol i gyfleu eu bywydau i eraill, mae hyd yn oed mwy o bwysau i roi'r argraff ein bod yn llwyddiannus ac yn hapus drwy'r amser.

Weithiau mae'n ddefnyddiol esgus bod yn ddewr i ymdopi â sefyllfaoedd anodd neu frawychus. Mae hyn oherwydd ein bod ni'n dysgu o brofiad nad yw pethau weithiau cynddrwg â'r disgwyl, ac y gallwn ni reoli'r gorbryder yn haws nag roedden ni wedi ei ragweld. Enw rhai ar hyn yw 'ffugio nes llwyddo' (*fake it till you make it*). Fodd bynnag, pan fyddwn ni'n teimlo ei bod hi'n annerbyniol dangos rhan o'n hunain neu ein gwir deimladau i eraill, rydyn ni weithiau yn cuddio ein hofnau. Pen draw hynny yw teimlo'n hollol unig gyda'r teimladau ofnadwy hyn, ac yn aml iawn, maen nhw wedyn yn cael mwy o afael ynddon ni a'n dewisiadau yn y dyfodol.

Mae sawl rheswm pam rwyt ti'n teimlo'n fwy gorbryderus na phobl o dy gwmpas yr adeg hon yn dy fywyd (ond mae'n bwysig i ti gofio y gallai pobl eraill fod yn well am guddio eu hofnau!).

BETH SY'N CYFRANNU AT ORBRYDER YMHLITH POBL IFANC?

☆ yr hyn sy'n ein gwneud ni – bioleg neu enynnau

☆ ein natur unigol – gan gynnwys sut rydyn ni'n ymateb i bethau newydd neu frawychus

☆ ein profiadau cynnar iawn o gael gofal

☆ ofnau ac ymddygiad rhieni neu ofalwyr

☆ profiadau trawmatig neu frawychus

☆ profedigaeth – colli pobl rydyn ni'n eu caru

☆ newidiadau – profi llawer o newidiadau sylweddol yn ein bywydau

☆ straenachoswyr – pethau sy'n achosi pwysau a straen yn yr amgylchedd.

Bioleg

Rydyn ni'n gwybod bod rhai babanod yn fwy sensitif na'i gilydd a'u bod nhw'n ymateb yn wahanol i synwyriadau a phrofiadau newydd. Byddai seicolegwyr yn dweud bod 'natur orbryderus' gan y babanod hyn, oherwydd eu bod nhw'n cynhyrfu'n haws na babanod eraill yn sgil profiad newydd ac wedyn yn cymryd ychydig mwy o amser i dawelu. Rydyn ni'n gwybod bod rhai o'r gwahaniaethau mewn babanod yn deillio o'r cyfuniad o enynnau maen nhw wedi eu hetifeddu gan eu rhieni. Mae rhai yn tarddu o'r amgylchedd yng nghroth y fam a mwy eto yn dod o'r amgylchedd cynnar ar ôl i'r babi gael ei eni a sut mae hyn yn effeithio ar y genynnau. Mae'n sicr yn fater cymhleth, a dydyn ni ddim yn mynd i'w drafod yn fanwl. Mae'r amgylchedd a'r bobl sydd o dy gwmpas pan wyt ti'n fabi yn effeithio ar sut mae bioleg dy ymennydd yn datblygu, ac mae hynny'n effeithio ar dy deimladau corfforol a sut rwyt ti'n dehongli pethau newydd sy'n digwydd yn y byd. Does dim un genyn neu ffactor sy'n penderfynu ein bod ni'n mynd i fod yn fwy gorbryderus nag eraill ai peidio. Mae'n dibynnu sut mae llawer o bethau'n cyfuno ac yn effeithio arnat ti, yr unigolyn cymhleth ac unigryw. Ond mae rhai genynnau etifeddol yn dy wneud di'n fwy sensitif i bethau newydd, ac yn gwneud ymatebion corfforol gorbryderus yn fwy tebygol. Mae'r pethau hyn yn gallu creu risg uwch o orbryder sy'n achosi problemau.

Dydy bioleg ddim yn esbonio popeth; efallai dy fod ti wedi bod yn ffodus yn y loteri genynnau, ond bod bywyd wedi taflu mwy o straen atat nag sydd gennyt ti o adnoddau i ymdopi â hi. Os wyt ti fel arfer yn berson tawel a digyffro sydd prin byth yn profi gorbryder, mae'n dal i fod yn bosib i ti brofi adegau o straen uchel pan fydd yr ymennydd bygythiad yn dod yn fwy gweithredol a sensitif yn sydyn iawn. Mae pawb yn profi adegau pan maen nhw'n teimlo eu bod nhw'n 'boddi', a does dim byd o'i le ar hynny. *Mae'n iawn peidio â bod yn iawn.* Os wyt ti wedi arfer gallu ymdopi, mae'r adegau llawn straen hyn, a'r teimlad nad wyt ti'n ymdopi, yn gallu bod yn sioc fawr a gwneud i ti amau rhai o dy syniadau amdanat ti dy hun. Mae'r her hon i dy farn di ohonot ti dy hun yn gallu bod hyd yn oed yn fwy annifyr a llawn straen.

Rydyn ni'n gwybod nad ydyn ni'n gallu gwneud rhyw lawer i newid y genynnau rydyn ni wedi eu hetifeddu; ond rydyn ni'n hoffi atgoffa ein hunain a'r bobl ifanc rydyn ni'n gweithio gyda nhw fod y genynnau sy'n ein gwneud ni yn fwy tueddol o brofi gorbryder hefyd yn gallu bod yn beth da. Mae bod yn sensitif ac yn ymatebol yn rhinweddau gwych sy'n cynnig nifer mawr iawn o fanteision i ti a'r bobl sy'n agos atat ti; y cyfan mae'n ei olygu yw bod rhaid i ti dreulio mwy o amser yn dysgu am dy synhwyrau corfforol a dy feddyliau, a'u deall, fel dy fod ti'n gallu dod o hyd i ffyrdd o'u trafod yn effeithiol a theimlo mwy o reolaeth drostyn nhw.

Profiadau cynnar

Er nad ydyn ni yn aml yn cofio'r pethau sy'n digwydd i ni pan fyddwn ni'n fach iawn, maen nhw'n dal i effeithio'n sylweddol ac yn barhaol ar ein hymennydd a'n barn ni amdanon ni'n hunain, pobl eraill a'r byd o'n cwmpas. Os oedd bywyd yn anodd i ni a'n rhieni pan oedden ni'n fabanod, rydyn ni'n gwybod bod hyn yn gallu cael effaith barhaol ar sut rydyn ni'n tyfu ac yn datblygu. Yn union fel ein genynnau, allwn ni ddim gwneud llawer i newid hyn, ond hyd yn oed os ydy hi'n teimlo fel petai ein hofnau a'n pryderon 'wedi dod o unlle', mae'n gallu bod yn hynod bwysig cydnabod eu bod nhw'n tarddu o'n profiad ni, hyd yn oed os nad ydyn ni'n cofio hynny. Fel arfer, mae modd deall anawsterau gyda gorbryder drwy edrych ar ein hamgylchedd presennol a/neu'r pethau anodd a ddigwyddodd pan oedden ni'n fach. Os oedd pethau'n anodd pan oedden ni'n fach, mae hynny'n gallu cael effaith ar berthnasoedd pwysig, fel ein perthynas â'n rhieni neu'n gofalwyr. Mae'n gallu gwneud ymddiried mewn pobl eraill yn beth anodd, sy'n golygu ei bod hi'n anodd gofyn am help pan fydd bywyd yn mynd yn straen. Diolch i waith ymchwil, rydyn ni'n gwybod mai'r ffordd orau i reoli straen yw cael rhywun rwyt ti'n ymddiried ynddo yn agos atat ti.

Efallai nad wyt ti'n gwybod llawer am dy fywyd cynnar ac efallai nad wyt ti eisiau gwybod dim byd amdano ar hyn o bryd. Dydy hi ddim bob tro'n hawdd meddwl am gyfnodau anodd, a dydy hi ddim chwaith yn angenrheidiol deall pam yn union rydyn ni'n teimlo fel yr ydyn ni er mwyn dod o hyd i ffyrdd effeithiol o reoli gorbryder. Fodd bynnag, os ydy ymddiried mewn pobl eraill yn anodd iawn i ti, a bod hynny wedi bod yn broblem i ti erioed, efallai y byddai'n werth trafod hynny â gweithiwr proffesiynol i drio datblygu ymddiriedaeth a gallu i greu perthynas â phobl eraill fel y gallan nhw dy helpu di pan fydd pethau'n anodd. Gall yr unigolyn neu'r oedolyn rwyt ti'n ymddiried ynddo fod yn un o amryw byd o bobl – rhiant neu ofalwr efallai, neu athro, athrawes neu gwnselydd ysgol. Bydd gan lawer o bobl fodryb, ewythr neu frawd neu chwaer y byddan nhw'n hapus i droi atyn nhw am gysur a chyngor. Mae bod â rhywun sy'n dy ddeall di a dy orbryder yn gallu gwneud gwahaniaeth go iawn.

Ymddygiad rhieni a gofalwyr

Fel arfer, mae rhieni eisiau'r gorau ar gyfer eu plant, gan drio'u hamddiffyn rhag clywed, gweld neu brofi unrhyw beth drwg. Mae llawer o rieni yn ymwybodol eu bod yn gallu trosglwyddo eu hofnau a'u pryderon nhw i'w plant, ac felly yn trio'u cuddio nhw rhag y plant. Ond fel rwyt ti'n gwybod eisoes, mae'n debyg, dydy cuddio ofnau a phryderon rhag pobl sy'n agos atat ti ddim bob amser yn hawdd, ac mae'n amhosib weithiau. Wrth wrando ar ein rhieni a'u gwylio pan fydd ofn arnyn nhw, mae'n hawdd dysgu credoau gorbryderus, er enghraifft, 'Mae pryfed cop yn gas!' neu ymddygiadau gorbryderus, er enghraifft, 'Rhedwch rhedwch rhedwch!'.

Enghraifft lai amlwg fyddai bod dy fam a/neu dy dad yn nerfus o gwmpas pobl eraill ac yn pryderu am beth maen nhw'n ei feddwl. Gallai hynny olygu eu bod nhw wedi treulio llai o amser yn cymdeithasu â phobl eraill pan oeddet ti'n blentyn, felly doeddet ti ddim yn magu hyder drwy fod yng nghanol pobl. Efallai hefyd fod rhieni wedi dweud pethau fel, "Beth bydd [ffrind neu gymydog] yn ei feddwl o'n gardd flêr ni/fy ngwallt ofnadwy i?" Gydag amser, mae pryderon fel hyn yn gallu cyfleu negeseuon pwysig i blant am y byd a phobl eraill, a byddan nhw yn eu derbyn heb sylweddoli hynny. Mae rhieni yn aml yn teimlo'n wael neu'n drist oherwydd bod eu plant yn pryderu am yr un pethau sydd wedi eu diflasu nhw; dydyn ni ddim am wneud i rieni deimlo'n waeth. Ein barn ni yw ei bod yn bwysig ystyried tarddiad ofnau a phryderon, fel dy fod ti'n gallu dechrau amau ffynhonnell dy syniadau di am beth sy'n frawychus. Yna byddi di'n gallu penderfynu a ydyn nhw (a) yn wir a (b) yn fuddiol. Mae llawer o blant yn ymwybodol o ofnau a gorbryderon eu rhieni, ond dydyn nhw erioed wedi trafod y mater â nhw. Rydyn ni'n gwybod bod plant sy'n tueddu i fod yn orbryderus yn fwy tebygol o bryderu am negeseuon gorbryderus gan rieni a bachu arnyn nhw. Mae plant gorbryderus yn sylwi ar arwyddion bach o ofn a gorbryder nad yw plant eraill yn sylwi arnyn nhw.

Rydyn ni eisoes wedi sôn ym Mhennod 1 bod osgoi pethau sy'n gwneud i ni deimlo'n orbryderus yn ymateb dynol buddiol a normal. Fodd bynnag, mae perygl i ni ddysgu gan y bobl o'n cwmpas ni mai dyma'r ffordd orau (neu hyd yn oed yr unig ffordd) o ymdopi pan fyddwn ni'n teimlo o dan fygythiad. Pan fydd pobl sy'n agos aton ni yn ofni wynebu ofnau, mae'n gallu bod yn llawer anoddach i ni fod yn ddewr a rhoi cynnig ar ffyrdd newydd o fynd i'r afael â'r rheswm dros yr ofn a'r gorbryder.

Profiadau trawmatig neu frawychus

Yn anffodus, mae pethau gwirioneddol ofnus ac erchyll yn digwydd i bobl weithiau. Maen nhw'n byw gyda rhywun oriog neu ymosodol efallai, neu mae eu teulu'n byw mewn lle anniogel a brawychus. Dydy rhieni ddim bob amser yn gallu amddiffyn eu plant fel yr hoffen nhw wneud, a dydy rhai rhieni ddim yn gallu cadw eu plant yn ddiogel o gwbl. I bobl ifanc eraill sydd wedi cael bywydau cymharol ddiogel a hapus, mae digwyddiad sydyn ac annisgwyl fel damwain car neu drosedd yn gallu gwneud iddyn nhw arswydo neu deimlo'n ansicr am y byd.

Unwaith rwyt ti allan o'r amgylchedd anniogel, neu'r digwyddiad trawmatig wedi dod i ben, gallet ti a'r bobl o dy gwmpas ddisgwyl y byddet ti'n teimlo'n iawn eto. Ond mae'r ymennydd a'r corff yn cymryd peth amser i wneud synnwyr o'r digwyddiadau a'r profiadau hyn a symud ymlaen. Weithiau, bydd angen cryn dipyn o help i deimlo'n ddiogel, gan fod y system fygythiad a meddyliau, synwyriadau corfforol ac ymddygiadau gorbryderus yn gorweithio. Ar ôl profiad anodd, mae dy system fygythiad hynod sensitif yn debygol o weld bygythiadau nad ydyn nhw'n bodoli go iawn. Rydyn ni'n galw'r rhain yn 'gamrybuddion – *false alarms'*. Mae system fygythiad sensitif yn gyffredin i bob math o orbryder, ond mae camrybuddion yn normal ar ôl digwyddiad trawmatig, ac mae disgwyl iddyn nhw bara am ychydig wythnosau. Oni bai eu bod yn para am sawl mis, fydden ni ddim yn eu hystyried yn broblem na bod angen rhagor o help ar rywun. Bydd llawer o'r strategaethau sy'n cael sylw yn y llyfr hwn yn ddefnyddiol i bobl sy'n profi ymatebion gorbryder anodd ar ôl trawma. Ond dydy'r llyfr hwn ddim yn ymdrin yn benodol â chanlyniadau trawma, sydd weithiau'n gofyn am ymyriadau gwahanol i fod yn effeithiol.

Mae'n bwysig cydnabod bod profiadau ac amgylcheddau unigol yn effeithio ar lefelau gorbryder a'r ymateb iddyn nhw. Yn bwysicach na dim, os wyt ti'n dal i fyw mewn amgylchedd brawychus ac anniogel, neu fod pethau'n digwydd sy'n dy ypsetio di neu'n gwneud i ti deimlo'n anghyfforddus, dydyn ni ddim am i ti ganolbwyntio'n llwyr ar reoli dy orbryder. Mae angen i ti chwilio am gymorth i fynd i'r afael â'r sefyllfa sy'n achosi cymaint o straen i ti (mae rhagor o wybodaeth yn yr adran Gwybodaeth Ddefnyddiol ar ddiwedd y llyfr). Er enghraifft, yn stori Leon (Pennod 12), mae'n sôn ei fod wedi dechrau teimlo'n orbryderus ar ôl cael ei fwlio yn yr ysgol. Er mwyn iddo ddechrau teimlo'n well, roedd angen cymorth pobl eraill i atal y bwlio (yn hytrach na dim ond ymdopi â sut roedd y bwlio'n gwneud iddo deimlo).

Colled a phrofedigaeth

Pan mae rhywun yn marw, rhieni yn gwahanu neu ffrind yn symud i rywle arall i fyw, gallwn ni deimlo pob math o emosiynau anodd. Mae colli rhywun rydyn ni'n ei garu yn un o brofiadau mwyaf poenus bywyd. Yr emosiwn mwyaf cyffredin a llethol yw tristwch, ond mae dicter, dryswch, diffyg teimlad a gorbryder hefyd yn brofiadau cyffredin ar ôl colledion. Hyd yn oed os ydyn ni wedi bod yn lwcus ac wedi teimlo'n ddiogel am y rhan fwyaf o'n bywyd, mae profedigaeth yn gallu gwneud i ni deimlo'n fregus iawn neu'n agored i niwed, ac yn sydyn iawn mae bygythiadau i'w gweld ym mhob man. Gallwn ni ddechrau ofni colli pobl bwysig eraill a phryderu na allwn ni fod yn siŵr y bydd pobl yno i ni. Os ydyn ni wedi wynebu llawer o brofiadau a cholledion anodd, gall profedigaeth arall deimlo fel un ergyd yn ormod, gan sbarduno llawer o orbryder. Os ydyn ni'n pryderu a fydd pobl eraill yno i ni, mae'n gallu gwneud i ni fynd yn fwy ynysig a theimlo ei bod hi'n well i ni ddibynnu arnon ni ein hunain. Mae hyn yn ddealladwy, ond mae'n broblem hefyd. Ar adegau o'r fath, mae angen pobl eraill arnon ni yn fwy nag erioed i'n helpu ni drwy'r cyfnod anodd. Yn anffodus, yn union fel ein profiadau cynnar, dydyn ni ddim yn gallu troi'r cloc yn ôl o ran colledion, a dydy hi ddim bob amser yn bosib adfer perthynas. Ond mae'n bwysig cydnabod sut mae'r profiadau hyn o golli perthnasoedd a phobl bwysig yn effeithio ar ein barn ni amdanon ni'n hunain ac am bobl eraill, oherwydd mae'n effeithio'n fawr ar ein system fygythiad, ar ein lefelau gorbryder ac ar yr adnoddau sydd ar gael i'n helpu ni i ymdopi â'r profiad.

Newidiadau

Ym Mhennod 10, rydyn ni'n sôn yn fanylach am effaith newidiadau mawr yn ein bywydau a sut mae rheoli newidiadau yn effeithiol. Mae newid neu bontio yn gallu bod yn gyffrous, ond mae hefyd yn gallu ysgogi llawer iawn o orbryder, pa un ai symud ysgol, cael athro newydd, neu gael colled fawr. Mae'n bwysig cydnabod sut mae newid yn effeithio ar ein lles ac ar ein lefelau straen a gorbryder. I rai pobl, mae peth mor fach â newid dosbarth yn yr ysgol neu amharu ar drefn arferol yn gallu achosi llawer o straen, felly mae'n bwysig ystyried effaith newid ar orbryder. Mae gweithio gyda phobl ifanc wedi dangos i ni fod newidiadau yn aml yn sbarduno llawer o straen, ac os wyt ti'n wynebu newidiadau cyson yn ystod dy fywyd cynnar, gall hyn dy wneud di'n fwy gorbryderus na phobl ifanc eraill sydd wedi profi amgylchedd a pherthnasoedd mwy sefydlog.

Pwysau a straen bob dydd

Mae'r glasoed – *adolescence* – yn gyfnod o ddisgwyliadau'n newid a magu mwy o annibyniaeth. Mae'r ysgol yn disgwyl i ti ddangos faint rwyt ti'n ei ddysgu drwy waith cwrs ac arholiadau (mae rhagor o wybodaeth am ymdopi â'r cyfnod hwn ym Mhennod 9) ac mae'r rhain yn arwain at gyfrifoldebau newydd annibynnol ym myd gwaith neu'r brifysgol. Mae rhieni yn aml yn disgwyl i ti ddangos mwy a mwy o gyfrifoldeb, er enghraifft, gwneud mwy o waith o gwmpas y tŷ neu ofalu am anifeiliaid anwes a brodyr a chwiorydd. Mae'n bosib y byddi di hyd yn oed yn gorfod gofalu am riant sy'n sâl neu sydd â phroblemau iechyd meddwl, ac yn cael dy ystyried yn debycach i oedolyn. Os wyt ti'n teimlo'n barod ac wedi datblygu ffyrdd o ymdopi â straen, mae'r heriau hyn yn gallu bod yn bethau hynod gadarnhaol ac arwain at dwf personol.

Ond i rai, fodd bynnag, mae pwysau o'r fath yn gallu gwneud iddyn nhw deimlo'n anesmwyth iawn ac achosi gofid. Mae'n gallu golygu eu bod nhw heb ddeall eto beth mae angen iddyn nhw ei wneud i deimlo'n iawn wrth wynebu newid neu straen. Mae disgwyliadau'r bobl o'u cwmpas yn gorlwytho eu sgiliau ymdopi. Unwaith rydyn ni'n meddwl, "Fedra i ddim ymdopi", gallwn ni gael ein dal mewn cylch dieflig – mae'r hyn rydyn ni'n ei gredu am ein gallu i ymdopi yr un mor bwysig â'n sgiliau a'n galluoedd go iawn.

Crynhoi'r cyfan

Yn anffodus, allwn ni ddim dweud o ble yn union mae dy orbryder di'n dod. Yn y bennod hon, rydyn ni wedi sôn bod llawer o bethau gwahanol yn gallu gwneud i berson deimlo'n orbryderus. Mae'n anodd iawn i rai pobl ymdopi â straen pob dydd. Mae eraill yn teimlo eu bod nhw'n bobl sy'n gallu ymdopi, ond yn sydyn, maen nhw'n teimlo'n hynod orbryderus. Fyddwn ni ddim hyn yn oed yn cofio rhai o'r pethau sydd wedi cyfrannu at ein gorbryder (fel profiadau cynnar), ac mae yna bethau eraill na fyddwn ni'n gallu eu newid (fel y cyfuniad o enynnau sydd yno ers ein geni).

Un o'r negeseuon pwysicaf rydyn ni am ei rhannu yw nad oes un profiad fel arfer yn achosi gorbryder llawn problemau. Mae'n broses gymhleth sy'n gallu cynnwys ein genynnau, profiadau cynnar, ymddygiad rhieni, trawma a/neu golled a faint o straen rydyn ni'n ymdopi ag o ar unrhyw adeg benodol. Mae hefyd yn bwysig cofio nad yw cymharu dy hun ag eraill yn gwneud dim lles o gwbl. Mae golwg dawel a hyderus ar bobl eraill, ond mewn gwirionedd maen nhw'n ansicr ac yn orbryderus.

Rydyn ni hefyd am fod yn glir am un peth pwysig olaf. Mae amau a thrio deall tarddiad ein credoau a'n gorbryderon yn gallu bod yn beth gwerth chweil. Ond does dim rhaid deall yr achos yn llwyr bob amser er mwyn cyflwyno newidiadau a fydd yn dy helpu i ymdopi'n well â dy orbryder. Yn aml, i ddeall tarddiad gorbryder yn iawn, mae angen help rhywun rwyt ti'n ymddiried ynddo a fydd yn gallu dy helpu i ddatblygu dealltwriaeth – ffrind da, rhiant neu therapydd/cwnselydd.

❧ 3 ❧

Mynd i'r afael â gorbryder

Osgoi osgoi

Un ffordd o fynd i'r afael â gorbryder yw dechrau newid yr hyn rydyn ni'n ei wneud a sut rydyn ni'n meddwl am orbryder, er mwyn newid ein teimladau. Bydd rhai darllenwyr wedi clywed am therapi ymddygiad gwybyddol, neu CBT – *cognitive behavioural therapy*, i drin gorbryder. Mae gwybyddol yn air rydyn ni'n ei ddefnyddio i ddisgrifio meddyliau a'r broses o feddwl, felly pan fydd pobl yn cyfeirio at CBT, maen nhw'n sôn yn y bôn am wneud newidiadau i'r ffordd rydyn ni'n meddwl ac yn ymddwyn. Bydd y penodau canlynol yn disgrifio ffyrdd o herio gorbryder drwy newid sut rydyn ni'n meddwl pan fyddwn ni'n orbryderus, a thrwy herio pryder. Yn y bennod hon, byddwn ni'n ystyried sut mae'r dulliau 'uniongyrchol' hyn yn gweithio a beth yw'r rhwystrau, cyn symud ymlaen i ystyried sut rydyn ni'n newid ein hymddygiad ac yn sicrhau dydy osgoi ddim ein cadw ni'n gaeth yng nghylch gorbryder.

Pam defnyddio dull ymddygiad gwybyddol?

Felly, pam rydyn ni'n credu bod defnyddio CBT i herio gorbryder yn syniad da? Yn gyntaf, rydyn ni'n gwybod bod CBT yn driniaeth effeithiol ar gyfer tua 60 y cant o blant a phobl ifanc sydd ag anhwylder gorbryder. Mae herio meddyliau ac ymddygiad er mwyn rheoli a lleihau gorbryder wedi bod yn destun ymchwil helaeth ac mae'r canlyniadau'n dangos ei fod yn gallu lleihau gorbryder pobl ifanc. Drwy weithio gyda phobl ifanc sy'n cael trafferth gyda gorbryder, a thrwy reoli ein hofnau a'n pryderon ni ein hunain, rydyn ni hefyd yn gwybod o brofiad bod y technegau hyn yn gallu bod yn help mawr a gwneud i ni deimlo mwy o reolaeth.

Meddyliau, teimladau ac ymddygiad

Ym Mhennod 1, gwnaethon ni sôn ychydig am sut mae gorbryder yn effeithio ar ein meddyliau a'n hymddygiad. Nawr, mae cyfle i ni feddwl am sut mae ein synwyriadau corfforol, ein meddyliau a'n hymddygiad yn effeithio ar ei gilydd. Dychmyga dy fod ti ym mharti pen-blwydd ffrind ac mae rhywun rwyt ti'n ei adnabod yn gwthio heibio i ti, yn sefyll ar dy droed ac yn colli ychydig o'i ddiod ar dy ddillad newydd.

Beth rwyt ti'n ei feddwl? Sut rwyt ti'n teimlo a beth sy'n digwydd yn dy gorff? Beth byddet ti'n ei wneud, efallai?

Efallai y byddet ti'n meddwl, "Am anghwrtais!" neu, "Am beth ofnadwy i'w wneud" a theimlo naill ai'n flin neu wedi dy frifo ac wedi dy ypsetio. Mae'n debygol y bydd cyfradd curiad dy galon yn dechrau cynyddu ac efallai y bydd dy anadl yn cyflymu. Efallai y byddi di'n dweud rhywbeth wrth y person i ddangos iddo ei fod wedi dy ypsetio di, neu efallai y byddi di'n gadael y parti ar unwaith, yn teimlo'n ofnadwy.

Nawr dychmyga'r un sefyllfa eto. Rwyt ti ym mharti ffrind ac mae rhywun rwyt ti'n ei adnabod yn gwthio heibio i ti, yn sefyll ar dy droed ac yn colli ychydig o'i ddiod ar dy ddillad newydd. Ond y tro hwn, rwyt ti'n sylwi ei fod yn welw a chwyslyd ac yn edrych braidd yn sâl.

Beth rwyt ti'n ei feddwl? Sut rwyt ti'n teimlo a beth sy'n digwydd yn dy gorff? Beth byddet ti'n ei wneud?

Efallai y byddet ti'n meddwl, "O diar, gobeithio'i fod o'n iawn" ac yn poeni am yr unigolyn heb brofi unrhyw newid corfforol o gwbl; gallai curiad dy galon a dy anadlu aros yr un fath (oni bai dy fod ti'n poeni'n fawr am iechyd y person ac yn meddwl ei fod yn ddifrifol wael). Rwyt ti'n fwy tebygol o ofyn a ydy o'n iawn na dweud ei fod yn anghwrtais. Yn y sefyllfa hon, rydyn ni'n llai tebygol o gymryd pethau'n bersonol neu fod eisiau gadael.

Mae beth rydyn ni'n ei feddwl a sut rydyn ni'n gwneud synnwyr o sefyllfa yn cael effaith enfawr ar ymateb ein corff a'n hemosiynau, yn ogystal â beth rydyn ni'n debygol o'i wneud. Yn yr enghraifft gyntaf, gwelson ni fygythiad, felly'r ymateb oedd ffoi, ymladd neu rewi. Yn yr ail enghraifft, doedden ni ddim yn teimlo dan fygythiad, felly roedden ni'n gallu defnyddio rhan wahanol o'n hymennydd i weld y cyd-destun ehangach a theimlo empathi tuag at y person arall.

Mae'n bwysig cofio bod ein meddyliau, ein gweithredoedd a'n teimladau i gyd yn effeithio ar ei gilydd. Felly, os yw'r corff eisoes yn teimlo'n orbryderus (efallai oherwydd nad ydyn ni wir yn hoffi partïon), rydyn ni hefyd yn fwy tebygol o ddehongli'r sefyllfa fel un fygythiol. Pan fyddwn ni'n orbryderus, bydd ein meddyliau ni'n canolbwyntio mwy ar fygythiadau. Byddwn ni wedyn yn methu sylwi ar yr arwyddion bod rhywun yn sâl ac yn penderfynu ar unwaith fod rhywun wedi gwneud i ni deimlo'n wael yn fwriadol neu oherwydd eu bod nhw'n meddwl nad ydyn ni'n bwysig.

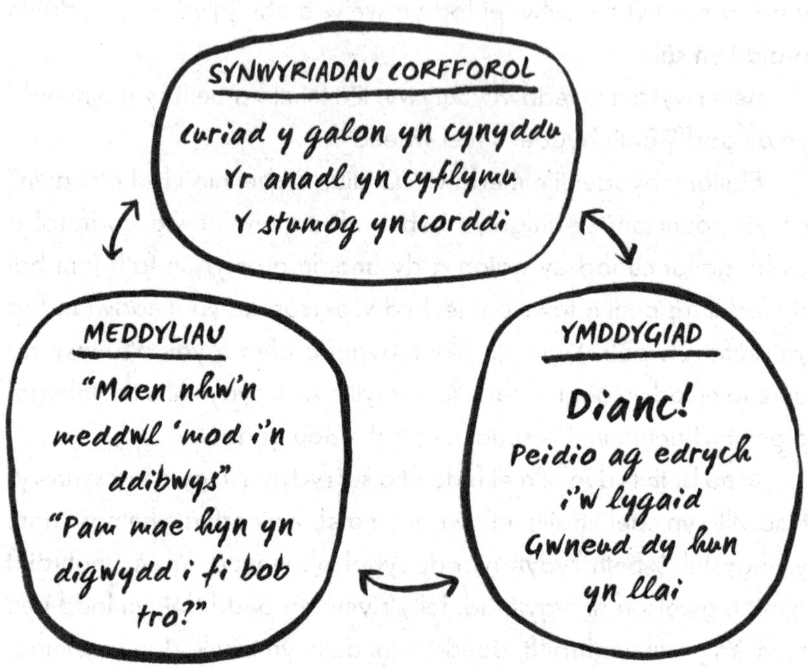

Cylchoedd dieflig

Yn y sefyllfa uchod, mae'n amlwg sut mae cylchoedd dieflig o feddyliau gorbryderus, synwyriadau corfforol ac ymddygiadau yn gallu datblygu'n gyflym a gwneud i ni deimlo'n fwy gorbryderus ac yn debygol o osgoi sefyllfaoedd o'r fath yn y dyfodol. Os ydyn ni'n dewis osgoi'r sefyllfa orbryderus, mae'n bosib y gallen ni golli gwybodaeth bwysig a allai fod wedi newid sut roedden ni'n ystyried y sefyllfa honno. Efallai na fydden ni byth yn dysgu y bydden ni wedi gallu ymdopi â'r sefyllfa waethaf hyd yn oed. Gall yr osgoi yn y sefyllfa hon arwain at feddyliau fel, "Alla i ddim dygymod â phobl eraill", a, "Byddai'r teimladau gorbryderus yna wedi fy llethu i", sy'n sbarduno mwy o synwyriadau corfforol gorbryderus ac yn gwneud osgoi yn fwy tebygol. Os ydyn ni'n osgoi dro ar ôl tro, yna wnawn ni fyth ddysgu nad oedd y sefyllfa (e.e. mynd i'r parti) mor ofnadwy â'r disgwyl a hyd yn oed petai rhywun yn ein trin ni'n ofnadwy, er na fyddai hynny'n ddelfrydol, y bydden ni'n gallu ymdopi'n iawn. Mae osgoi yn gallu ein harwain ni i ymddiried yn ein meddyliau gorbryderus a'u credu. Bydd hynny wedyn yn dylanwadu ar ein hymddygiad y tro nesaf rydyn ni yn yr un sefyllfa, neu hyd yn oed mewn sefyllfa debyg.

Torri'r cylch

Un ffordd o herio gorbryder yn uniongyrchol yw gwneud pethau sy'n newid sut mae'r corff yn ymateb i orbryder. Mae ymarferion ymlacio yn ein helpu i arafu'r anadlu a llacio'r tyndra yn ein cyhyrau. Mae Pennod 7 yn sôn yn fanwl am ffyrdd gwahanol o helpu'r corff i ymlacio a lleddfu'r system fygythiad pan fyddi di'n teimlo'n orbryderus, felly wnawn ni ddim trafod mwy ar hynny yn y bennod hon. Yn hytrach, dechreuwn ni drwy ystyried sut i roi'r gorau i ddefnyddio osgoi er mwyn ymdopi â sefyllfaoedd brawychus.

Torri'r cylch drwy osgoi osgoi

Mae llawer o bobl orbryderus yn sownd yn y modd 'ffoi'. Mae'n un o'r ffyrdd mwyaf effeithlon o osgoi'r teimladau corfforol erchyll pan fyddi di'n amau bygythiad, wrth i system esblygiadol dy gorff gael ei sbarduno i fynd i'r afael â pherygl. Yn aml iawn, ffoi yn bell o'r teigr oedd y ffordd fwyaf effeithlon ac effeithiol o reoli'r bygythiad, a'r ffordd fwyaf tebygol o lwyddo (aros yn fyw i fwyta rhagor o famothiaid gwlanog a chreu babanod pobl yr ogofâu). Fel creaduriaid cymdeithasol iawn sy'n dibynnu ar fodau dynol eraill mewn sawl ffordd, fyddai ymladd â'n gilydd bob tro rydyn ni'n teimlo'n anghyfforddus neu dan straen ddim wir yn gweithio o'n plaid.

Er bod pawb yn gallu ei cholli hi weithiau pan fyddan nhw'n cael eu cornelu ac yn teimlo'n ofnus, yr ymateb mwyaf cyffredin yw dianc â'r gwynt yn eu dwrn. Mae'n gweithio. Ac mae'n lle da i ni ddechrau herio dy orbryder oherwydd:

- pan wyt ti'n torri'r cylch ac yn ymddwyn yn wahanol, mae hynny'n effeithio'n gadarnhaol iawn ar feddyliau a synwyriadau corfforol yn fuan iawn

- dim ond trwy brofi dy ofnau mae'n bosib i ti asesu'n fanwl y canlyniad rwyt ti'n ei ofni

- mae'n gwneud i ti golli cyfle i ddysgu dy fod ti *yn gallu ymdopi*

- bob tro rwyt ti'n rhedeg i ffwrdd, rwyt ti'n atgyfnerthu'r syniad bod meddyliau a theimladau gorbryderus yn annioddefol a bod rhaid eu hosgoi nhw

- dim ond drwy ddal ati drwy sefyllfa frawychus y byddi di'n dysgu bod teimladau gorbryderus yn dy gorff yn pylu os wyt ti'n gallu hwylio tonnau teimladau gorbryderus a gadael iddyn nhw ddiflannu (mae rhagor o wybodaeth am hyn ym Mhennod 6)

- rwyt ti wedi dysgu ofni'r peth yma, felly rwyt ti'n gallu dad-ddysgu ei ofni hefyd

- mae ofni rhywbeth cymaint fel ei fod yn ymyrryd â dy fywyd yn beth ofnadwy, ond ar y llaw arall, mae goresgyn ofn yn un o'r teimladau gorau yn y byd! Cei di hwb anferth i dy hyder.

Amlygu – sut mae'n gweithio?

Yn y gorffennol, byddai seicolegwyr yn defnyddio rhywbeth o'r enw 'llwyrfoddi' i helpu pobl i reoli eu hofnau. Oherwydd bod osgoi pethau yn ein dysgu ein bod ni'n methu ymdopi, bod y gorbryder yn annioddefol a bod y peth brawychus yn mynd i'n 'cael ni' mewn rhyw ffordd, meddyliodd seicolegwyr, "Iawn, fe wnawn ni'r gwrthwyneb: yn lle osgoi, fe foddwn ni yn y peth brawychus." Os oedd rhywun yn ofni pryfed cop, y gred oedd y byddai ei gau mewn ystafell llawn pryfed cop mawr, du a blewog yn golygu y byddai ei orbryder yn cyrraedd uchafbwynt ac yna'n dechrau pylu wrth iddo sylweddoli nad oedd y pryfed cop yn cropian i fyny ei drwyn, yn ei gnoi ar ei ben-ôl nac yn gwneud dim drwg iddo o gwbl. Roedd hyn yn gweithio'n dda i rai; ond doedd o ddim i lawer. Does dim byd yn gweithio i bawb, ond roedd hon yn strategaeth risg uchel. Petai'r unigolyn yn rhedeg o'r ystafell dan sgrechian, byddai wedi chwalu ei hyder ac wedi atgyfnerthu ei gred orbryderus, "Dydw i ddim yn gallu ymdopi". Rydyn ni o'r farn bod rhestri aros byr iawn a digon o amser rhydd gan y seicolegwyr a fu'n gweithio ar y syniad o lwyrfoddi, gan fod hwn yn syniad go anodd i'w werthu i rywun sydd ag ofn pwerus. Os wyt ti'n frwd iawn dros gael gwared ar ffobia, gallai weithio. Ond erbyn heddiw, rydyn ni'n gweithio gyda phroses o'r enw 'amlygu – *exposure*', sef dull mwy graddol sydd, yn ôl gwaith ymchwil, yn fwy effeithiol o lawer.

Mae amlygu graddol yn caniatáu i ni weithio gyda lefelau o ofn a gorbryder sy'n haws ymdopi â nhw. Mae hynny'n golygu ein bod ni'n gallu dysgu am ein synwyriadau corfforol, cynnydd a chwymp ein lefelau gorbryder, a chadw golwg ar ein meddyliau gorbryderus wrth weithio tuag at oresgyn ofn.

Y syniad yw bod gennym ni nod clir mewn golwg (e.e. os wyt ti'n ofni cŵn, mwytho ci mawr dy ffrind), ac rydyn ni'n gweithio yn ôl o'r nod hwn i weld beth gallwn ni ymdopi ag o, sut i herio'n hunain i gynyddu pa mor agos y gallwn ni ddod at y peth brawychus dan sylw a defnyddio ein holl strategaethau ymdopi cadarnhaol (ynghyd ag ambell wobr) i ganiatáu i ni wynebu'r ofn fesul tipyn. Dechrau drwy fwytho ci bach ifanc a symud yn raddol drwy fridiau gwahanol nes i ti gyrraedd ci Sant Bernard dy ffrind. Wrth gwrs, mae hyn yn golygu cael gafael ar gryn dipyn o gŵn! Un syniad fyddai ymweliad â chartref cŵn lleol a gofyn am help yno.

Fel arfer pan fydd rhywun yn datblygu ofn cryf, mae'n dechrau gydag ofni canlyniadau posib digwyddiad neu sefyllfa (e.e. pobl yn chwerthin os wyt ti'n codi dy law yn y dosbarth); ond pen draw hynny yw mai ein hymatebion gorbryderus rydyn ni'n eu hofni fwyaf. Mae'r synwyriadau corfforol o fod yn benysgafn, chwysu a theimlo ychydig yn 'afreal' mor ysgytwol fel ein bod ni hyd yn oed yn methu meddwl am gyfrannu yn y dosbarth rhag ofn i ni sbarduno'r teimlad ofnadwy hwn. Enghraifft dda arall yw ofn pigiadau. Yn aml iawn, nid ysu am osgoi'r 'crafiad cyflym' y mae rhywun sy'n ofni nodwyddau, ond y gorbryder llethol sy'n dod wrth aros am bigiad yn yr ysgol neu eistedd yn ystafell aros y meddyg. Gan nad yw pigiadau'n hwyl nac yn gwbl rydd o boen, mae rhywfaint o orbryder yn hollol normal. Ond os wyt ti'n teimlo dy fod ti'n methu cael pigiadau pwysig neu dy fod ti'n colli llawer o gwsg yn poeni amdanyn nhw, mae'n edrych yn debycach i ffobia. Gyda'r ffobia penodol hwn, bydd angen ychydig o help arnat ti gan feddyg neu nyrs ysgol i gael gafael ar bethau i'w defnyddio ar gyfer amlygu graddol, gan gynnwys nodwydd lân efallai, neu wylio rhywun arall yn cael pigiad. Felly, os wyt ti'n ofni nodwyddau, sut mae defnyddio amlygu i oresgyn yr ofn hwn?

AMLYGU GRADDOL AR GYFER OFNI PIGIADAU

Nod terfynol: gallu cael pigiad yn yr ysgol gyda fy ffrindiau i gyd.

Camau ar fy ysgol amlygu

1. Edrych ar ddarluniau o chwistrelli ar y we (Mam i ddod o hyd iddyn nhw): Ofn 1 allan o 10.

2. Edrych ar ddarluniau o bobl yn cael pigiadau (cartwnau): Ofn 1.5 allan o 10.

3. Edrych ar ffotograffau o chwistrelli ar y we: Ofn 2 allan o 10.

4. Edrych ar luniau o bobl yn cael pigiadau ar y we: Ofn 2.5 allan o 10.

5. Gwylio fideo YouTube o rywun yn cael pigiad: Ofn 5 allan o 10.

6. Gwylio fideo â llun agos o chwistrell yn mynd i mewn i fraich rhywun: Ofn 6.5 allan o 10.

7. Dal chwistrell ddi-haint yn ei phaced: Ofn 7 allan o 10.

8. Gwylio Mam/ffrind yn cael pigiad: Ofn 8 allan o 10.

9. Nod terfynol – cael pigiad yn yr ysgol gyda fy ffrindiau i gyd: Ofn 9 allan o 10.

Dylunio dy ysgol amlygu dy hun

Iawn, ble mae dechrau arni? Dechreua gyda dy nod terfynol. Mae angen i hwn fod yn rhywbeth ystyrlon a phwysig, oherwydd mae wynebu dy ofnau yn gallu bod yn anodd ac mae angen i ti deimlo cymhelliant i'w wneud. Gofala fod dy nod yn glir, heb unrhyw ddryswch ynglŷn â'r hyn rwyt ti am allu ei wneud. Dydy 'Gallu bod wrth ymyl ci fy ffrind' ddim yn ddigon da, ac mae 'Peidio ag ofni nodwyddau' yn rhy annelwig. Mae angen nodau tebyg i'r hyn rydyn ni wedi eu trafod eisoes yn y bennod hon – mae 'Mwytho Caleb, ci mawr fy ffrind Dyfan' yn agosach ati, neu 'Cael brechiad gyda fy holl ffrindiau yn yr ysgol'. Meddylia am ymddygiadau hawdd eu hadnabod, yna meddylia am wobr arbennig i ti dy hun hefyd – mae wynebu dy ofnau yn anodd ac mae angen i ti gynnal dy gymhelliant. Os galli di gael help gan oedolyn rwyt ti'n ymddiried ynddo, bydd hyn yn help mawr gyda gwobrau, ond gofala dy fod ti'n dy wobrwyo dy hun hyd yn oed os wyt ti'n bwrw iddi ar dy ben dy hun. Mae pryd bwyd allan gyda theulu neu ffrind agos neu daith i weld ffilm neu arddangosfa sy'n dy ddenu yn wobrau gwych, ond mae angen i ti ddewis pethau sy'n mynd i dy gymell di.

Pan fydd nod clir yn ei le, bydd angen i ti gael trefn ar risiau'r ysgol. Rydyn ni'n sgorio pa mor frawychus yw pob cam ar raddfa o 0 i 10 (0 yn golygu dim ofn o gwbl a 10 yn golygu'r peth mwyaf brawychus erioed), i ofalu nad ydyn ni'n trio neidio'n rhy gyflym o bethau sydd ddim mor frawychus a heriol mewn difri i bethau sy'n llawer anoddach i'w hwynebu. Mae angen iddo adeiladu'n raddol fel dy fod ti'n goddef ychydig mwy o ofn a gorbryder bob tro a dysgu nad yw'n para am byth, a dy fod ti'n gallu ymdopi â'r peth brawychus a'r teimladau gorbryderus. Cei di rhwng 8 a 12 gris ar ysgol amlygu – deg cam sydd arni fel arfer.

Mae angen i ti benderfynu'n union pa mor hir rwyt ti am aros yn y sefyllfa sy'n frawychus i ti, neu beth fydd dy 'lefel ofn' cyn i ti allu rhoi'r gorau iddi. Yn aml, mae hyn yn golygu aros yn y sefyllfa ofnus am gryn amser, hyd at awr. Fel arfer, bydden ni'n dweud bod angen i ti sgorio'r ofn yn llai na 2 allan o 10 cyn gallu rhoi'r gorau iddi hi. Os wyt ti'n teimlo'n ddigon gorbryderus nes dy fod ti'n dal i fod yn nerfus wrth feddwl am wneud y cam hwnnw eto, mae angen i ti ddal ati am ychydig yn hirach. Byddi di'n ailadrodd rhai camau sawl gwaith, nes y byddi di'n gweld a theimlo dy ymatebion gorbryderus yn gostwng o dan 2 allan o 10 cyn symud ymlaen i'r cam nesaf, gan nad wyt ti bob amser yn gallu rheoli pa mor hir mae pethau'n digwydd.

Profiad personol – Phoebe

Pan oeddwn i'n cael triniaeth ar gyfer fy ngorbryder, fe wnes i ddysgu dull 'amlygu'. Fy mhrif broblem ar y pryd oedd obsesiynau a gorfodaethau, ac fe ddefnyddiais i amlygu i wynebu'r ofn a'r bygythiad roeddwn i'n eu teimlo os na fyddwn i'n cwblhau fy nefodau. Roeddwn i'n awyddus iawn i gael gwared ar fy holl ddefodau, ac ar y dechrau, fe wnes i ddychryn faint o amser roedd y broses yn ei gymryd. Fe wnes i restr o fy holl ddefodau a sgorio pob un ar sail pa mor anghyfforddus a gorbryderus roedden nhw'n gwneud i fi deimlo. Fe ddechreuais i gyda'r rhai a oedd yn achosi'r gorbryder lleiaf a gweithio i fyny at y rhai sylweddol, mwy brawychus. Roedd dechrau gyda'r rhai lleiaf brawychus yn rhoi hyder a synnwyr o lwyddiant i fi herio'r rhai mwy brawychus. Bob tro byddwn i'n herio meddwl, obsesiwn neu orfodaeth, byddwn i'n dod yn fwy hyderus o allu goresgyn fy ngorbryder, ac yn y pen draw fe lwyddais i.

Ymddygiadau diogelu

Mae seicolegwyr yn sôn am 'ymddygiadau diogelu', sef y pethau rydyn ni yn eu defnyddio i allu goddef ein hofnau. Efallai ein bod ni'n iawn i fwytho cŵn cyn belled â bod Mam yn ddigon agos, neu fod gennym ni ddiod yn ein llaw bob amser mewn parti er mwyn i ni allu gafael ynddi'n dynn. Mae'r 'baglau' hyn yn ddigon da i'n cael ni drwy sefyllfa orbryderus, ond maen nhw hefyd yn gallu ein hatal ni rhag goresgyn ein hofnau go iawn. Eu bwriad yw lleihau'r teimladau o orbryder, nid newid y ffordd rydyn ni'n meddwl ac yn ymddwyn mewn sefyllfaoedd sy'n frawychus i ni. Os ydyn ni'n meddwl, "Fe lwyddais i ddim ond achos bod Mam yno", dydyn ni ddim yn dysgu ein bod ni'n gallu ymdopi ar ein pen ein hunain. Efallai fod y ddiod yn ein hatal ni rhag crynu (er y gallai hefyd ei gwneud yn fwy amlwg i eraill pan fyddwn ni yn crynu), ond mae hefyd yn gwneud i ni gredu y byddai'n drychinebus petai pobl eraill yn gweld ein bod ni'n orbryderus, ond y gwir amdani yw y bydden ni'n gallu ymdopi'n iawn. Mae angen i ni gael gwared ar ymddygiadau diogelwch, oherwydd mae angen i ni *deimlo'r ofn* wrth i ni ddringo i fyny'r ysgol amlygu. Dyna'r unig ffordd y byddwn ni'n dysgu y bydd ein gorbryder yn dechrau lleihau yn raddol, y gallwn ni ymdopi ac nad yw'r peth brawychus (fel arfer) yn digwydd. Mae'n bosib y bydd angen i ti feddwl yn galed am yr holl bethau rwyt ti'n eu gwneud yn y sefyllfa honno ar hyn o bryd, ac ystyried a oes unrhyw un ohonyn nhw yn dy rwystro di rhag teimlo'r ofn a dysgu o'r broses. Mae anadlu'n ddwfn yn gallu helpu i'w gwneud hi'n haws ymdopi â dy orbryder, ac mae cael rhywun y galli di ymddiried ynddo yn gwmni i ti yn ei gwneud hi'n haws hefyd. Mae'r rhain yn ymddygiadau derbyniol i dy helpu i ddringo'r ysgol. Serch hynny, efallai fod modd cynnwys rhai camau gyda rhywun rwyt ti'n gallu ymddiried ynddo yn gwmni i ti, ac yna gamau i ti eu cymryd ar dy ben dy hun, lle rwyt ti'n cynyddu dy amlygiad i'r ofn.

Rheoli siomedigaethau

Pan fyddwn ni'n sôn wrth bobl ifanc am amlygu, maen nhw weithiau'n dweud, "Dwi wedi trio hynny a dydy o ddim wedi gweithio." Yn amlach na pheidio, mae rheswm da iawn pam mae heb weithio, ac nid oherwydd eu bod nhw'n gallu gwrthsefyll y grym i wynebu eu hofnau y mae hynny. Dydy amlygu ddim wedi ei seilio ar y syniad nad yw pethau drwg byth yn digwydd (weithiau, maen nhw yn digwydd). Ond yr hyn rydyn ni'n ei ddysgu drwy wynebu ein hofnau yw nad yw'r canlyniad sy'n peri ofn i ni mor debygol o ddigwydd â'r disgwyl. Yn wir, hyd yn oed pan fydd pethau'n mynd o chwith, rydyn ni'n gallu ymdopi'n ddigon da i godi ein hunain yn ôl ar ein traed a dal ati. Yn hytrach na'n llethu ni, mae hynny'n gallu gwneud i ni deimlo'n fwy hyderus wrth fynd i'r afael ag ofnau a sefyllfaoedd ansicr yn y dyfodol.

Mae yna rai siomedigaethau cyffredin sy'n creu rhwystrau wrth drio goresgyn ofnau'n llwyddiannus ar yr ysgol amlygu. Mae'r rhain yn cynnwys:

1. Dwyt ti ddim wir am wynebu'r ofn ar hyn o bryd.

Dydy dechrau herio ofn ddim yn syniad da pan wyt ti'n brysur. Mae angen amser rhydd a dim gormod o bwysau arall, fel arholiadau neu newidiadau mawr yn dy fywyd. Os wyt ti'n cael trafferth mynd ati, mae'n bosib nad dyma'r amser iawn i ddechrau herio dy bryderon. Paid â bod yn rhy galed arnat ti dy hun am hynny; dewisa ddyddiad (ar ôl dy arholiadau neu yn ystod y gwyliau) pan fyddi di'n gallu ailasesu dy sefyllfa. Weithiau mae lle i ofnau a ffobiâu yn ein bywydau, felly er ei fod yn deimlad erchyll, mae'n bosib ei fod yn gwneud rhywfaint o les. Er enghraifft, rwyt ti wirioneddol yn ofni'r tywyllwch, ond mae hynny'n golygu bod rhiant neu ofalwr yn cadw cwmni i ti amser gwely. Mae'n bosib nad wyt ti am oresgyn yr ofn hwn gan y byddai hynny'n golygu colli amser gwerthfawr gyda rhywun rwyt ti'n ei garu sydd fel arfer yn brysur iawn. Efallai nad yw'r gwobrau am dy ffobia mor amlwg, ond mae'n dal i fod yn bosib eu bod nhw yno. Meddylia'n galed am beth mae dy ofn yn ei olygu i ti. Os oes rheswm dros ddal gafael ar ffobia, mae'n bosib y galli di ddod o hyd i ffyrdd eraill o gael dy wobrwyo heb orfod cynnal dy ofn, neu efallai nad yw herio'r ofn yn flaenoriaeth ar hyn o bryd.

2. Dydy'r nodau ddim yn realistig.

Os wyt ti'n hynod ofnus o ddim ond un peth, mae'n debyg mai bwrw iddi ar unwaith sydd gallaf, ond mae mwy nag un ofn gan y rhan fwyaf o bobl. Os wyt ti wedi dechrau gyda rhywbeth sy'n achosi gwir arswyd i ti, mae'n bosib y byddai'n well dechrau gydag ofn llai. Os oes tipyn o fwlch rhwng y grisiau ar dy ysgol, ddylai hyn ddim bod yn ormod o broblem. Ond os yw'r meddyliau gorbryderus yn sgrechian, "Dydy hyn ddim yn bosib!" pan wyt ti'n meddwl am dy nod, efallai y dylet ti feddwl am nod haws i'w gyflawni wrth roi cynnig ar amlygu am y tro cyntaf.

3. Mae'r gris cyntaf ar yr ysgol yn rhy frawychus.

Os oes gennyt ti rywbeth sy'n rhy frawychus ar dy ris gyntaf, mae'n anodd argyhoeddi dy hun i ddechrau arni. Mae angen i ti ddechrau gyda rhywbeth sydd prin yn frawychus o gwbl yna gweithio dy ffordd i fyny, gyda gwobrau bach ar bob cam. Os wyt ti'n mynd yn sownd, ceisia dorri'r camau i lawr ymhellach.

4. Mae gormod o fwlch rhwng grisiau'r ysgol.

   Os yw'r bwlch rhwng y camau yn rhy fawr, rwyt ti'n debygol o fynd yn sownd. Os yw'r raddfa ofn yn 2 allan o 10 wrth wylio rhywun yn cael pigiad ar YouTube ac yn 8 allan o 10 yn gwylio dy ffrind yn cael pigiad, mae angen sawl cam rhwng y ddau beth i feithrin hyder a dy helpu i ddeall y bydd y gorbryder yn lleddfu a dy fod ti'n gallu ymdopi. Mae'n bosib nad wyt ti wedi arfer sgorio gorbryder ar raddfa o 0 i 10, ac nad wyt ti felly yn sgorio dy ofn yn gywir iawn. Mae'n hollol iawn i ti ddal ati i ddiwygio'r ysgol ac ychwanegu camau neu symud pethau o gwmpas.

5. Rwyt ti'n trio dringo'r ysgol yn rhy gyflym.

   Dyma pryd rwyt ti'n awyddus i fwrw ymlaen ond yn anghofio bod amlygu yn ymwneud â lleddfu dy orbryder yn raddol a dysgu dy fod ti'n gallu ymdopi. Os wyt ti'n rheoli cam, ddylet ti ddim meddwl, "Diolch byth, dwi mor falch bod hynny drosodd" a symud ymlaen at y cam nesaf – mae angen i ti deimlo ei fod yn beth hawdd i'w wneud nawr ac y byddet ti'n gallu ei wneud eto heb feddwl ddwywaith. Os nad wyt ti'n teimlo fel hyn, dwyt ti ddim wedi gwneud y cam yn ddigon hir neu ddigon o weithiau.

6. Mae meddyliau gorbryderus cryf yn creu rhwystrau.

   Mae'n bosib y bydd angen i ti ddarllen y bennod nesaf cyn bwrw iddi gyda'r amlygu. Os yw dy ben yn ferw o feddyliau fel, "Alla i ddim ymdopi", "Dwi'n dda i ddim", "Dwi'n mynd i farw", mae'n annhebygol y byddi di'n gallu dal ati a theimlo'r gorbryder yn lleddfu. Mae angen i ti allu adnabod y meddyliau gorbryderus a chael datganiadau ymdopi cadarnhaol a dewisiadau amgen mwy buddiol wrth law, er mwyn gallu tawelu dy feddwl gorbryderus a theimlo mwy o reolaeth.

❧ 4 ❧

Herio meddyliau gorbryderus

Felly, rydyn ni'n gwybod bod y ffordd rydyn ni'n meddwl pan fyddwn ni'n teimlo dan fygythiad yn newid. Mae hyn oherwydd bod yr ymennydd wedi datblygu drwy esblygiad, a bod ein meddwl cymhleth yn diffodd pan fyddwn ni'n profi bygythiad. Mae meddwl cymhleth yn gweithio'n rhy araf i ddelio â bygythiadau. Fyddai hi ddim yn syniad da i ddyn cyntefig dreulio'i amser yn meddwl am deimladau a chymhelliant dyn cyntefig arall pan mae hwnnw ar fin ymosod arno â phastwn mawr. Pan fyddwn ni dan fygythiad, mae'r ymennydd wedi ei gynllunio i wneud penderfyniadau am ein hymateb yn gyflym ac yn seiliedig ar gyn lleied o wybodaeth ac sy'n bosib. Ffoi, ymladd a rhewi yw'r tri dewis. Mae tri dewis yn nifer rhesymol i ymennydd gorbryderus allu delio â nhw.

Mae rhywbeth pwysig arall yn digwydd pan fyddwn ni'n teimlo dan fygythiad. Rydyn ni wedi esblygu i ganolbwyntio ein holl sylw ar y bygythiadau posib a'u tarddiad. Mae braidd yn wirion sylwi ar fachlud hardd os oes teigr yn cuddio yn y llwyni. Pan fyddwn ni'n orbryderus, mae hynny'n golygu y gallwn ni golli gwybodaeth bwysig o'n cwmpas ni oherwydd ein bod ni'n canolbwyntio cymaint ar y pethau sy'n achosi pryder i ni neu yn ein dychryn.

Twyllo esblygiad

Y broblem yw bod parti pen-blwydd dy ffrind yn sefyllfa wahanol iawn i'r un roedd y dyn cyntefig yn ei hwynebu. Gobeithio wir nad oes dyn mewn trôns ffwr yn dy fygwth â phastwn yn y parti, na neb wedi dod â theigr anwes gyda nhw. Os oes, rwyt ti'n mynd i'r partïon anghywir! Mae'r bygythiadau sy'n ein hwynebu ni bellach yn llawer mwy cymhleth ac yn aml yn gysylltiedig â sefyllfaoedd cymdeithasol.

COFRESTRU, GAN ALUN

Mae sŵn cadeiriau'n crafu yn atseinio drwy'r waliau yn arwydd i'r byd bod gwersi ar fin dechrau. Pobl yn eistedd, yn tynnu eu gwaith allan, yr un hen drefn. Ond yna mae'r athro'n dechrau siarad yn y llais undonog, ailadroddus hwnnw, a'r unig beth arall dwi'n gallu'i glywed yw sŵn fy anadlu i fy hun.

Ap Dafydd.

O leiaf mae'n dilyn trefn yr wyddor. Mae gen i funud, o leiaf, cyn fy nhro i. Munud o deimlo fy mhen i'n troi, fy nghalon i'n pwnio wrth i fi drio penderfynu beth dwi'n mynd i'w ddweud a sut i'w ddweud o. "Ie, syr?" Neu fyddai "Yma" yn well? Beth mae pawb arall yn ei ddweud?

Daniels.

Mae'n mynd yn anoddach meddwl yn gall – ydy pawb yn syllu arna i? Alla i ddim edrych i fyny i weld a ydyn nhw'n gwneud.

Huws.

Dwi angen pwyllo am eiliad. Tynnu fy hun o'r sefyllfa, cau fy llygaid a dychmygu fy hun yn gadael fy nghorff ac yn codi, mynd allan am awyr iach a chanolbwyntio ar fy anadlu. Cyfrif wrth anadlu mewn, ei ddal, anadlu allan. Dwi'n ffeindio 'mod i'n gallu agor fy llygaid eto. Mae sŵn fy anadlu'n pylu i ran arferol, dawelach fy meddwl. A phan mae fy enw'n cael ei alw, mae gen i lais eto.

'Yma, syr.'

Does dim llawer o bwynt i neb ddweud wrthot ti, neu i ti ddweud wrthot ti dy hun, "Paid â bod yn orbryderus, fydd hynny ddim ond gwneud pethau'n waeth." Petai hynny'n gweithio, fydden ni ddim wedi trafferthu ysgrifennu'r llyfr hwn. Mae angen i ni allu torri'r cylch gorbryderus, fel yr un yn y parti rydyn ni wedi ei ddisgrifio ym Mhennod 3. Mae sawl ffordd o wneud hyn, ac un ohonyn nhw yw gallu sylwi ar ein meddyliau a'u *gwerthuso*. Os ydyn nhw'n seiliedig ar wybodaeth ddiffygiol neu'n gwbl ddi-fudd, mae modd i ni drio cael dewisiadau amgen, mwy buddiol, realistig a chadarnhaol yn eu lle.

Mae ein hymennydd wedi esblygu llawer o lwybrau byr gwych a defnyddiol i ni allu meddwl yn graff, yn lle meddwl yn galed, a gwneud synnwyr o'r byd cymdeithasol anhygoel a chymhleth sydd ohoni. Y broblem yw bod gorbryder yn gallu herwgipio'r llwybrau byr hyn a'n gwneud ni'n 'feddylwyr gorbryderus' yn hytrach nag yn 'feddylwyr craff'.

Mae'n bwysig i ni fod yn ymwybodol o'r math o feddwl sy'n gallu ein baglu ni pan fyddwn yn teimlo'n orbryderus. Fel arall, gallai'r meddyliau gorbryderus a'r llwybrau byr hyn wneud i ni deimlo'n ofnadwy ac ysgogi ymateb gorbryderus yn y corff, gan ein gwneud ni'n fwy tebygol o ymateb gydag ymddygiadau dig neu drwy osgoi.

Gallwn herio'r meddyliau hyn yn uniongyrchol ac yna gwneud dewisiadau gwahanol ynglŷn â sut i ymateb. Pan fyddwn ni'n teimlo'n wael, mae'n bwysig cofio ein bod ni'n meddwl yn 'wael' (yr enw ffansi am hyn yw 'rhesymu emosiynol') ac er nad yw'r meddyliau hyn yn ffeithiau, rydyn ni'n aml iawn yn eu trin fel petaen nhw'n *wir*, oherwydd eu bod nhw'n teimlo'n *iawn*. Oherwydd bod llawer o'r llwybrau byr yn ddefnyddiol i'n ffordd ni o feddwl pan fyddwn mewn hwyliau da, dydyn ni ddim hyd yn oed yn ymwybodol ohonyn nhw. Bwriad y deg 'gwall' rydyn ni'n eu hamlinellu yma yw dy helpu i weld pryd mae gorbryder yn dy dwyllo di, neu fod dy orbryder yn herwgipio'r llwybrau byr ac yn mynd yn ddi-fudd:

- *Trychinebu* – meddwl am rywbeth sy'n achosi pryder i ni a dal ati i ofyn 'beth os' nes i ni gyrraedd trychineb llwyr: er enghraifft, rwyt ti'n gwneud yn wael mewn prawf ac yn penderfynu, yn sgil hynny, y byddi di'n colli parch dy athro, yn methu'r flwyddyn gyfan a byth yn cael swydd dda. Mae hyn yn gallu teimlo fel mynd yn sownd ar lwybr sy'n anodd iawn ei adael, er dy fod ti'n gwybod na fydd yn dy arwain di at le da. Mae'r 'gwall' hwn yn ymwneud mwy â sut rydyn ni'n meddwl na beth rydyn ni'n ei feddwl, a gallai fod yn ddisgrifiad da o bryderu neu bendroni. Byddwn ni'n edrych yn fanylach ar ffyrdd o weithio gyda phryder yn y bennod nesaf.

- *Neidio i gasgliadau* – does gan ein hymennydd bygythiad ddim adnoddau i ddadansoddi'r holl wybodaeth pan fyddwn ni'n wynebu perygl (meddylia am ddyn cyntefig yn hel meddyliau am gyfanswm caloriïau dyddiol teigr). Felly, yn hytrach nag aros i weld yr holl wybodaeth, rydyn ni'n defnyddio ychydig bach o wybodaeth i lunio casgliad, gan ffafrio'r agwedd orofalus. Dyma ein dewis mwyaf diogel. Fodd bynnag, os yw ffrind yn dod draw ac yn edrych braidd yn ddig ac wedi cael llond bol, a'n bod ni'n defnyddio'r wybodaeth hon ar ei phen ei hun yn hytrach nag aros i glywed beth mae'n mynd i'w ddweud, rydyn ni'n neidio i'r casgliad ei fod yn flin gyda ni ac y bydd ein cyfarfod yn un annymunol (ac mae'n debygol iawn y byddwn ni'n meddwl yn gyflym iawn am esgus er mwyn ei osgoi).

- *Cymryd pethau'n bersonol* – pan fyddwn ni mewn hwyliau da, byddwn ni fel arfer yn beio'r bydysawd am y pethau drwg sy'n digwydd ac yn hawlio clod personol pan fydd pethau da yn digwydd. Mae hyn yn ein helpu ni i gadw'n iach ac yn hapus. Fodd bynnag, mae meddwl gorbryderus yn golygu y gallwn ni ddechrau beio ein hunain am bethau heb ddim neu fawr ddim i'w wneud â ni. Er enghraifft, mae dy fam neu dy dad mewn hwyliau drwg ac yn hytrach na meddwl am yr holl bethau eraill a allai fod ar fai (straen yn y gwaith, teimlo'n sâl, pryderu am arian), rwyt ti'n penderfynu eu bod nhw wedi cael llond bol arnat ti a dy fod ti yn eu gwneud nhw'n ddiflas.

- *Hidlo negyddol/gweld yr ochr dywyll* – mae hyn yn digwydd pan fyddwn ni'n anwybyddu'r holl bethau da sydd wedi digwydd ac yn canolbwyntio ar y pethau drwg. Efallai dy fod ti'n hel meddyliau am rywbeth twp, yn dy dyb di, a ddywedaist ti yn y dosbarth a meddwl, "Fe wnes i ffŵl ohono i fy hun heddiw." Ond rwyt ti'n anwybyddu'r ffaith nad oedd neb yn chwerthin ar dy ben di am ddweud beth gwnest ti, a bod pawb yn gyfeillgar amser cinio. Mae hidlo negyddol yn gallu gwneud i ni lunio barn am ddiwrnod cyfan ac amdanon ni'n hunain ar sail mymryn bach o wybodaeth negyddol, ac mae'r canolbwyntio cyfyng hyn yn gwneud i ni deimlo'n ofnadwy. Mae'r ymennydd yn hoelio'i sylw ar y negyddol er mwyn ein cadw ni'n ddiogel, ond mae wir yn difetha dy ddiwrnod di.

- *Gorgyffredinoli* – yn debyg iawn i hidlo negyddol, mae hyn yn golygu ein bod ni'n defnyddio un digwyddiad neu ddarn o wybodaeth am rywbeth penodol i lunio barn eang. Er enghraifft, ches i ddim gwahoddiad i barti ddydd Sadwrn felly mae pawb yn fy nghasáu i.

- *Goramcangyfrif* – rydyn ni'n goramcangyfrif y tebygolrwydd y bydd pethau drwg yn digwydd. Gallai hyn fod yn rhesymu 'gwell diogel na difaru'. Mae yn ein gwneud ni'n fwy gofalus, sy'n fuddiol iawn os yw'r byd yn beryglus, ond pan mae ein hymennydd gorbryderus a dim byd arall yn ein twyllo, mae'n gallu gwneud bywyd yn anodd.

- *Darllen meddwl* – y peth hanfodol i fodau dynol yw eu perthynas â bodau dynol eraill. Rydyn ni wedi ein cynllunio a'n rhaglennu i fod eisiau cael ein hadnabod gan bobl eraill, ac i adnabod pobl eraill. Fodd bynnag, mae'r agwedd bwysig a rhyfeddol hon o fod yn ddynol yn golygu ein bod ni (ar gam) yn meddwl ein bod ni'n gallu darllen meddyliau pobl ac, oherwydd ein bod ni'n meddwl yn negyddol, rydyn ni'n tybio eu bod nhw wrthi hefyd. Wedyn mae'n bosib i ni gamddehongli bwriadau ac ymddygiad mewn ffordd sy'n hynod o ddi-fudd. Er enghraifft, os yw rhywun yn syllu arnat ti ar fws, efallai y byddi di'n meddwl, "Mae'n fy meirniadu i, mae'n meddwl bod golwg od arna i", a hynny pan does gennyt ti ddim syniad beth mae'n ei feddwl mewn gwirionedd. Efallai ei fod yn edmygu dy esgidiau neu dy gôt, neu'n syllu heibio i ti ac yn pryderu beth mae pobl eraill ar y bws yn ei feddwl amdano yntau. Mae'r math hwn o ddarllen meddwl gorbryderus yn gwneud i ni deimlo'n ofnadwy a does dim sail o gwbl iddo mewn gwirionedd.

- *Dweud ffortiwn* – yn union fel ein perthynas â phobl eraill, ein hymgais i feddwl beth allai ddigwydd nesaf sy'n gyfrifol am y ffaith mai ni yw'r rhywogaeth amlycaf ar y Ddaear. Mae'n caniatáu i ni ddatrys problemau a bod yn greadigol ac yn ddyfeisgar. Ond y broblem yw, pan fyddwn ni'n teimlo'n orbryderus ac yn credu ein bod ni eisoes yn gwybod beth sy'n mynd i ddigwydd, mae modd i ni ddechrau meddwl does dim angen i ni roi cynnig ar bethau. Pam trafferthu mynd i siarad â'r person diddorol yr olwg hwnnw os wyt ti eisoes yn gwybod ei fod yn mynd i dy gasáu di?

- *Labelu* – mae angen ffyrdd cyflym arnon ni o wneud synnwyr o'r byd o'n cwmpas fel ein bod ni'n gallu gwneud penderfyniadau'n effeithlon ac yn effeithiol. Os ydyn ni'n gallu asesu sefyllfa a rhoi label iddi yn gyflym, mae hynny'n gallu ein helpu ni i wneud synnwyr yn gyflym o'r hyn sy'n digwydd ac wedyn gwneud y dewis gorau: "Dwi'n ddiogel" neu "Dydy hyn ddim yn iawn." Pan fyddwn ni'n cael profiad anodd, rydyn ni'n labelu'r profiad neu ni'n hunain. Er enghraifft, rwyt ti'n anghofio ffonio ffrind ar ei ben-blwydd ac yn meddwl, "Dwi'n ffrind da i ddim" neu hyd yn oed "Dwi'n dda i ddim."

- *Meddwl du a gwyn* – yn union fel labelu, mae categoreiddio pethau yn 'wych' neu'n 'ofnadwy' yn ffordd dda o benderfynu'n gyflym a rhesymu'n effeithlon pan fydd gennyt ti lawer o wybodaeth. Mae meddwl am gymhlethdodau pobl a sefyllfaoedd yn llyncu amser, a does dim llawer o amser ar gael bob tro, yn enwedig os ydyn ni'n orbryderus. Os ydyn ni'n dibynnu ar y math yma o feddwl, mae'n gallu ein harwain at bob math o helynt. Enghraifft o hyn fyddai, "Mae hi'n dda am siarad â phobl a dydw i ddim yn dda am siarad â phobl" yn hytrach na chydnabod bod mannau llwyd; mae siarad â phobl eraill yn sgìl cymhleth. Ffordd fwy dyrys, neu lwyd, o feddwl am hyn yw, "Dwi'n dda am siarad â phobl un i un neu pan does dim gormod o bobl o gwmpas, ond mae'n anoddach mewn grŵp mawr."

Cipio meddyliau

Bellach, rydyn ni wedi dysgu ambell syniad i brofi os yw gorbryder wedi herwgipio ein llwybrau byr ar gyfer gwneud synnwyr o'r byd; gallwn ni hefyd adnabod unrhyw un o'r gwallau uchod yn ein fford o feddwl. Nawr, mae angen i ni hefyd allu 'cipio' ein meddyliau pan fyddwn ni'n teimlo'n orbryderus a'u hastudio nhw'n ofalus gefn dydd golau. Ar ôl i ni gael gafael ar ein meddyliau pan fyddwn ni'n orbryderus, a'u cofnodi, gallwn ni ddechrau eu harchwilio nhw i weld a ydyn ni'n defnyddio gormod o lwybrau byr gorbryderus a sylwi ar unrhyw themâu i'n meddylfryd gorbryderus. Gallwn ni hefyd ddechrau meddwl a oes ffyrdd mwy cytbwys a buddiol o feddwl i'w defnyddio yn y sefyllfaoedd hyn.

Mae'n werth i ti gadw llyfr nodiadau neu 'ddyddiadur meddyliau', a dechrau sylwi a chofnodi beth sy'n digwydd a dy union feddyliau ar adegau pan fyddi di dan straen neu'n teimlo'n orbryderus. Mae'n bosib i ti wedyn ddefnyddio rhai cwestiynau syml i weld pa lwybrau byr mae dy feddwl gorbryderus yn eu defnyddio ac, yn hytrach na'u derbyn yn syml fel pethau sy'n wir, gallwn ni herio'r meddyliau hyn i weld a ydyn nhw'n gallu gwrthsefyll craffu.

Mae cipio meddyliau yn gallu teimlo'n od i ddechrau. Mae'n gofyn i ni roi sylw manwl i brosesau sydd fel arfer yn awtomatig, a bod yn feddylgar o'n meddyliau ein hunain. Bydd y syniadau ym Mhennod 6 yn dy helpu i ystyried bod yn feddylgar mewn llawer o ffyrdd. Er mwyn dy helpu i arfer meddwl mwy am dy feddyliau, gosoda larwm atgoffa ar dy ffôn bob 30 munud am ddiwrnod a meddylia beth sydd wedi bod yn mynd trwy dy feddwl, gan gofio unrhyw feddyliau gorbryderus. Fel arall, pan fyddi di'n orbryderus, gallet ti ofyn i rywun rwyt ti'n ymddiried ynddo dy atgoffa i gofnodi beth yn union sy'n digwydd a beth rwyt ti'n ei feddwl ar y pryd. Os wyt ti'n aros yn rhy hir, mae'n gallu bod yn anodd iawn cofio beth yn union oedd ar dy feddwl pan oeddet ti'n teimlo'n orbryderus. Yn aml, mae pobl yn dweud pethau fel, "Dwi ddim yn meddwl dim byd, mae fy mhen i ar chwâl" neu, "Mae fy meddyliau i ar ras pan dwi'n orbryderus. Alla i ddim cofio beth dwi'n feddwl." Mae'n cymryd peth amser i fod yn ymwybodol ac yn feddylgar o'r hyn sy'n digwydd gyda'n meddyliau pan fyddwn ni'n teimlo'n orbryderus.

Profiad personol – Phoebe

Roeddwn i wastad yn disgrifio'r teimlad fel un 'ymennydd peiriant golchi'. Teimlad bod fy mhen i'n lluwch o feddyliau a theimladau nad oeddwn i'n gallu gafael ynddyn nhw na'u tynnu allan yn unigol. Fe wnes i ddefnyddio'r dywediad i esbonio'r teimlad i eraill a gydag amser fe ddatblygodd fy ngallu i gipio meddyliau allan o'r peiriant golchi er mwyn edrych arnyn nhw a'u dadansoddi.

Weithiau, pan fydd pobl yn trio cipio meddyliau, maen nhw'n cofnodi teimladau yn hytrach na meddyliau: "Dwi'n teimlo'n dda i ddim" neu "Mae hyn yn erchyll". Mae hyn yn dangos pa mor anodd yw adnabod y meddyliau pwysig mewn sefyllfa sy'n achosi gorbryder. Rwyt ti'n teimlo'n dda i ddim pan rwyt ti'n orbryderus. Dydy hynny ddim yn deimlad cadarnhaol, ond nid dyna'r ystyriaeth bwysicaf fel arfer – mae'n ymwneud mwy â'r teimladau gorbryderus. Fel arfer, mae'r meddyliau gorbryderus pwysicaf i'w hadnabod a'u herio yn bethau sy'n dweud rhywbeth amdanat ti fel person: weithiau, rydyn ni yn eu galw'n 'feddyliau poeth' oherwydd eu bod nhw'n sbarduno ymateb emosiynol uniongyrchol iawn. Rydyn ni yn ei gredu o waelod calon, ac mae ein teimladau gorbryderus yn gwneud iddo deimlo'n gywir neu'n wir. Mae'r meddyliau hyn yn gallu bod mor ddwys, rydyn ni'n trio'u hosgoi neu eu hanwybyddu.

Profiad personol – Phoebe

Am gyfnod hir, roeddwn i'n cau meddyliau di-fudd a hunanfeirniadol o'r golwg. Mae hynny'n wenwynig. Dydy o ddim yn datrys y broblem. Fe wnes i ddysgu, o brofiad chwerw, mai'r unig ffordd o oresgyn y meddyliau hyn yw drwy eu hwynebu.

Herio meddyliau

Ar ôl i ti gipio dy feddyliau gorbryderus, byddai rhoi amser i wneud synnwyr o dy ffyrdd o feddwl a'u herio yn syniad da.

Dychmyga dy fod ti yn y gwaith neu'r ysgol ac yn bwyta cinio. Rwyt ti ar dy ben dy hun, mae'n brysur ac rwyt ti'n dechrau teimlo'n hunanymwybodol. Rwyt ti'n teimlo dy fochau'n poethi a dy ddwylo'n dechrau chwysu. Mae dy galon yn curo fel morthwyl yn dy frest ac rwyt ti'n meddwl, "Mae pawb yn syllu arna i. Dwi'n edrych yn llanast gorbryderus." Mae hyn yn achosi i dy orbryder godi'n gyflym iawn, i dy fochau fflamio ac i dy ddwylo ddechrau crynu. Dwyt ti ddim eisiau codi'r hambwrdd rhag ofn i bobl weld dy ddwylo'n crynu. Rwyt ti'n penderfynu ffoi yn sydyn, a rhedeg am y toiledau. Yn y tŷ bach, rwyt ti'n meddwl, "Dwi'n pathetig", ac yn teimlo'n rhy orbryderus i fynd yn ôl i'r ffreutur.

Beth gallwn ni ei wneud â'r meddwl hwnnw?

Yn gyntaf, mae angen i ni anadlu'n ddwfn sawl gwaith i drio tawelu ein system fygythiadau fel y gallwn ni feddwl yn gall.

Yna mae angen cyfle i edrych yn ofalus ar y meddwl a gofyn i ni'n hunain, "Faint ydw i'n credu hyn?" Mae gwir angen i ni ateb y cwestiwn hwn ar unwaith, felly bydd angen colofn ar gyfer hynny yn dy gofnod meddwl neu nodyn atgoffa yn dy ddyddiadur.

Beth yw'r sefyllfa?	Beth yw'r meddwl?	Faint ydw i'n credu hyn?	Beth yw'r dystiolaeth? Ydw i'n gweld gwall?	Faint ydw i'n ei gredu erbyn hyn? (%)	Beth fyddai'n feddwl mwy cywir neu fuddiol?	Pa mor orbryderus wyt ti'n teimlo ar raddfa o 0 i 10?
Yn y ffreutur yn cael cinio.	Mae pawb yn syllu arna i. Dwi'n edrych yn llanast gorbryderus.	99%	Tystiolaeth o blaid: edrychodd un person yn od arna i. Dwi'n teimlo'n ofnadwy. Tystiolaeth yn erbyn: Gofynnodd y bachgen newydd gwestiwn i fi. Roeddwn i'n syllu ar fy nhraed yn aml, felly dwi ddim yn siŵr pwy oedd yn edrych. Gwallau: neidio i gasgliadau, darllen meddwl, cymryd pethau'n bersonol, hidlydd negyddol.	30%	Dwi'n teimlo'n orbryderus ond dwi'n iawn. Gallai'r person hwnnw fod yn meddwl am unrhyw beth.	3

Tabl 4.1 Dyddiadur cofnodi meddyliau enghreifftiol

Beth yw'r dystiolaeth?

Weithiau rydyn ni'n sôn am 'fod yn dditectif' ac yn mynd ati i chwilio am yr holl dystiolaeth o blaid y meddwl ac yn ei erbyn. Mae'n bosib y bydd angen ychydig o help gyda hyn, ac os galli di weithio gyda rhywun rwyt ti'n ymddiried ynddo, gorau oll. Os wyt ti'n herio dy feddyliau ar dy ben dy hun, tria ddychmygu beth byddai person dibynadwy yn ei ddweud. Neu gallet ti droi pethau ar eu pen ac ystyried beth byddet ti'n ei ddweud wrth rywun sy'n annwyl i ti sy'n meddwl fel hyn yn y sefyllfa hon. Mae'r rhan fwyaf ohonon ni'n fwy caredig o lawer wrth ein ffrindiau nag wrthon ni'n hunain. Mae'n bosib y byddet ti'n dweud wrth ffrind, "Dwyt ti ddim yn gallu gwybod beth mae pobl eraill yn ei feddwl a dydyn nhw ddim yn gwybod beth rwyt ti'n ei feddwl neu yn ei deimlo! Dydy pethau byth yn edrych cynddrwg ag yr wyt ti'n ei feddwl y maen nhw" neu, "Pwy sy'n poeni beth maen nhw'n ei feddwl, rwyt ti'n gwneud yn wych." Ym Mhennod 7, rydyn ni hefyd yn defnyddio delweddau (yn yr ymarfer Cysurwr Arall) sy'n gallu dy helpu i ddychmygu beth byddai rhywun doeth ac sydd â chydymdeimlad yn ei ddweud wrthot ti.

Meddwl gorbryderus	Llwybr byr gorbryderus	Meddwl amgen/buddiol
Alla i ddim ymdopi	Dweud ffortiwn	Dydy'r ffaith 'mod i'n teimlo'n orbryderus ddim yn golygu 'mod i'n methu ymdopi.
Dwi'n mynd i farw	Gorgyffredinoli Goramcangyfrif	Dwi'n teimlo'n ofnadwy ar hyn o bryd ond dwi wedi teimlo fel hyn o'r blaen, a dydy gorbryder ddim yn mynd i wneud drwg i fi. Mae angen i mi aros i'r teimlad basio.
Dwi'n dwp	Labelu Gorgyffredinoli Meddwl du a gwyn	Dwi wedi gwneud camgymeriad ac mae hynny'n iawn.
Dwi'n mynd i wneud llanast o hyn	Dweud ffortiwn Trychinebu	Dwi'n mynd i fod yn ddewr a rhoi cynnig ar hyn er fy mod i'n cael amser caled diolch i'r gorbryder.
Mae pawb yn syllu arna i. Dwi'n edrych yn llanast.	Neidio i gasgliadau Gorgyffredinoli.	Efallai fod golwg braidd yn orbryderus arna i ond mae hynny'n digwydd i bawb.

Tabl 4.2 Syniadau am feddyliau amgen neu fuddiol

Iawn, mae hyn yn gymhleth. Gadewch i ni grynhoi.

Y broses yw cipio'r meddwl, ei gofnodi yn union fel y mae'n dod i'r pen a gwneud nodyn o beth oedd y sefyllfa. Rho sgôr ar raddfa o 0 i 10 i faint rwyt ti'n credu'r meddwl a pha mor orbryderus rwyt ti. Edrycha ar y meddwl eto i weld a oes unrhyw dystiolaeth sy'n ei gefnogi ac unrhyw dystiolaeth a allai ddangos ei fod o ddim yn wir neu ddim yn adlewyrchiad cywir o'r sefyllfa. Cadwa lygad am unrhyw un o'r llwybrau byr gorbryderus rydyn ni wedi eu nodi uchod a gwna gofnod ohonyn nhw. Bydd nodi'r math o lwybrau byr gorbryderus yn dy helpu i ddod o hyd i feddyliau mwy cytbwys. Bydd hefyd yn golygu dy fod ti'n gallu dechrau adnabod themâu yn dy ffordd o feddwl a fydd yn dy helpu i herio meddyliau ar y pryd, yn hytrach na gwneud nodyn ar bapur o bopeth. Yn ogystal, mae'r llwybrau byr yn gallu ein cyfeirio ni at sut olwg fyddai ar bethau petaen ni'n fwy gwrthrychol. Er enghraifft, os ydw i'n neidio i gasgliadau, ble galla i chwilio am fwy o dystiolaeth? Os ydw i'n bod yn ddu a gwyn, ble mae'r ardal lwyd? Cofia ddod yn ôl bob amser at, "Beth byddai Mam neu fy ffrind gorau yn ei ddweud am y sefyllfa hon?", oherwydd mae magu safbwynt newydd yn gallu bod yn help mawr wrth gael gafael mewn meddwl mwy cytbwys.

Pan fyddi di wedi mynd trwy'r broses hon, sgoria allan o ddeg faint rwyt ti'n credu'r meddwl (fel canran) erbyn hyn, a pha mor orbryderus rwyt ti. Y cam olaf yw nodi pa mor orbryderus rwyt ti. Mae'n gyfle i ti weld a ydy'r broses o herio meddyliau yn cael unrhyw effaith ar lefel dy orbryder.

Cipio a herio meddyliau yn dy lyfr nodiadau/dyddiadur

1. Ysgrifenna'r union feddwl mewn dyfynodau a rho esboniad byr o'r cyd-destun.

Roeddwn i'n meddwl, "Mae pawb yn fy nghasáu i" wrth i fi gerdded i'r tŷ bach yn y parti.

2. Sgoria faint rwyt ti yn ei gredu.

   Dwi wir yn credu bod y meddwl hwn 90 y cant yn wir.

3. Sgoria pa mor orbryderus rwyt ti'n teimlo.

   Dwi'n/Roeddwn i'n teimlo'n orbryderus iawn, tua 8 allan o 10. Roeddwn i'n chwysu ac yn teimlo'n benysgafn ac yn sâl.

4. Nesaf, meddylia am y dystiolaeth.

   O blaid: Wnaeth Lili Siôn ddim dweud helô. Does neb wedi dod draw i gael sgwrs eto.
   Yn erbyn: Fe wenodd Jac Ifans arna i pan ddes i mewn. Mae Jessica wedi fy ngwahodd i i'r parti.
   Beth byddai Mam yn ei ddweud? Byddai hi'n dweud wrtha i am aros a gweld beth sy'n digwydd; byddai hi'n dweud 'mod i'n teimlo'n orbryderus ac angen anadlu'n ddwfn a chwilio am wyneb cyfeillgar.

5. Sylwa ar unrhyw lwybrau byr gorbryderus posib.

   Dwi'n neidio i gasgliadau oherwydd dwi newydd ddod i'r parti; dwi'n cymryd pethau'n bersonol – mae'n bosib nad yw Lili yn fy anwybyddu i'n fwriadol; dwi'n trychinebu ac yn gorgyffredinoli ar sail un cysylltiad negyddol.

6. Sgoria faint rwyt ti'n credu'r meddwl nawr.

   Dwi'n credu'r meddwl hwn 40 y cant.

7. Sgoria pa mor orbryderus rwyt ti'n teimlo.
Dwi ddim yn teimlo'n rhy ddrwg nawr, tua 4 allan o 10.

8. Beth fyddai'n feddwl mwy cytbwys?
Mae 'na sawl rheswm pam nad yw pobl bob tro yn groesawgar a chyfeillgar, ond galla i ymdopi â hyn os ydw i'n anadlu'n ddwfn ac yn chwilio am wyneb cyfeillgar.

Mae yna fanteision i ddefnyddio taflen cofnodi meddyliau – mae'n gryno, mae'n hawdd mynd â hi gyda ti ac mae'n dy atgoffa di o'r holl bethau iawn i'w gwneud. Fodd bynnag, mae llyfr nodiadau yn golygu y galli di ysgrifennu ynddo unrhyw bryd a does dim angen i neb wybod beth rwyt ti'n ei wneud. Galli di hefyd ysgrifennu cymaint ag wyt ti eisiau – mae hen ddigon o le. Defnyddia beth bynnag sydd orau i ti; efallai y byddi di'n defnyddio'r ddau.

Y syniad yw dy fod ti'n gallu gwneud hyn gyda rhywun rwyt ti'n ymddiried ynddo, ond dy fod ti'n ei wneud ar dy ben dy hun hefyd os nad oes neb o gwmpas. Wrth i ti ymarfer chwilio am dystiolaeth a gweld tuedd yn dy ffordd o feddwl, mae'n digwydd yn awtomatig a fydd dim angen y daflen na'r dyddiadur arnat ti mwyach. Byddi di'n llai tebygol o ymddiried yn dy feddyliau gorbryderus ac yn dechrau cydnabod dy fod ti'n aml iawn yn meddwl yn negyddol oherwydd dy fod ti'n teimlo'n orbryderus, nid oherwydd bod pethau'n wirioneddol wael.

Ond dydy hi ddim bob amser yn wir bod herio meddwl yn gwneud i ti deimlo'n llai gorbryderus. Weithiau, mae'n gallu arwain at drychinebu, yn enwedig os wyt ti ar dy ben dy hun ac yn dal i deimlo'n orbryderus iawn. Mae'n gallu bod yn anodd ar y dechrau. Paid â gadael i hynny dy rwystro di rhag gwneud dim byd. Chwilia am rywun sy'n gallu helpu, a dal ati i roi cynnig arni. Dydy newid dy ffordd o feddwl ddim yn hawdd – rhaid rhoi amser iddi ac ymarfer. Os wyt ti'n credu bod hyn yn gallu dy helpu di a dy fod yn penderfynu mynd i'r afael â dy feddyliau fel hyn, rydyn ni wir yn credu y byddi di'n torri'r cylch gorbryderus. Felly byddi di'n teimlo mwy o reolaeth pan fydd dy feddyliau gorbryderus yn trio dy dynnu ar hyd llwybr di-fudd.

Profiad personol – Phoebe

Pan ddechreuais i nodi meddyliau i gymryd lle'r meddyliau gorbryderus, roeddwn i o'r farn na fyddwn i byth yn eu credu nhw. Ond gydag amser, dechreuodd y meddyliau mwy cytbwys hynny ymddangos yn fwy a mwy rhesymegol ac erbyn hyn, mae fy ymennydd yn fwy tebygol o droi atyn nhw.

Meddyliau ymdopi cadarnhaol a chodi hwyl

Pan ydyn ni'n teimlo'n wael, rydyn ni'n meddwl yn wael. Rydyn ni'n dechrau siarad â ni'n hunain mewn ffordd negyddol, gan feirniadu ein hunain a thynnu sylw at gamgymeriadau neu ddiffygion. Mae datblygu arferion fel hyn yn gallu bod yn niweidiol iawn. Rydyn ni'n gwneud hyn yn amlach ac yn fwy beirniadol, pan fydd pobl eraill wedi bod yn dweud pethau cas wrthon ni. Yn anffodus, mae'r bobl hynny yn gallu bod yn rhiant neu athro, yn frawd neu chwaer, neu yn rhywun sydd wedi bod yn dy fwlio di yn yr ysgol. Y lleisiau negyddol hyn, yn y pen draw, yw'r llais rydyn ni yn ei ddefnyddio i siarad â ni'n hunain yn aml. Wedyn, pan fyddwn ni'n gwneud camgymeriad, yn hytrach na chydnabod bod pawb yn gwneud camgymeriadau a'u bod nhw yn rhan o fywyd, mae'n bosib y byddwn ni'n dweud, "Wel, wrth gwrs 'mod i wedi gwneud llanast, dwi yn llanast!" Yn waeth byth, pan fyddwn ni'n dechrau teimlo'n orbryderus mae'r llais yn dweud, "Edrycha arnat ti dy hun, rwyt ti'n pathetig, dwyt ti ddim yn gallu ymdopi â dim byd!", sy'n arwain ar unwaith at y cylch gorbryderus.

Rydyn ni i gyd yn gwneud hyn i ryw raddau ac mae'n rhan fawr o lawer o ddiwylliannau i fod yn wylaidd a bychanu ein llwyddiannau. Os mai fel hyn rydyn ni'n siarad â ni'n hunain gan amlaf, fodd bynnag, mae'r lleisiau beirniadol hyn yn gallu porthi'r cylch gorbryder a gwneud i ni deimlo'n orbryderus a hyd yn oed yn anobeithiol weithiau.

Er mwyn gweithio yn erbyn yr 'hunansgwrsio negyddol' hwn, does dim angen i ni gipio ein meddyliau a'u herio bob amser. I lawer o bobl ifanc, mae dod o hyd i feddyliau ymdopi a gosodiadau codi hwyl, i'w cario gyda nhw neu i'w gosod ar eu waliau, yn help mawr. Er mwyn dod o hyd i dy osodiadau ymdopi a chodi hwyl di, chwilia am ddyfyniadau ar-lein a geiriau caneuon, neu edrycha ar destunau crefyddol am ysbrydoliaeth. Mae'n dod yn haws ac yn fwy naturiol wrth i ti ymarfer, ac maen nhw yno yn barod i neidio i flaen dy feddwl a thynnu dy sylw oddi ar yr hunansgwrsio negyddol.

DATGANIADAU YMDOPI

☆ "Er 'mod i'n orbryderus, dydy hynny ddim yn golygu 'mod i'n methu ymdopi'n iawn â'r sefyllfa hon."

☆ "Bydd y teimlad yma'n mynd."

☆ "Mae teimlo fel hyn yn beth naturiol. Wnes i ddim dewis y teimlad hwn, a does dim o'i eisiau arna i, ond mae o yma nes iddo fynd a dyna ni. Fe wna i ymdopi cystal ag y galla i."

☆ "Dwi wedi dod drwy hyn o'r blaen, ac mi ddo' i drwyddi eto."

☆ "Mae'n iawn i beidio bod yn iawn."

☆ "Mae pawb yn gwneud camgymeriadau: maen nhw fel athrawon, dyma sut rydyn ni'n dysgu."

☆ "Mae gorbryder yn gwneud i fi deimlo'n ofnadwy, ond fydd o ddim yn gwneud drwg i fi."

☆ "Nid fi yw fy meddyliau."

☆ "Does dim rhaid i fi roi cariad a sylw i'r meddyliau gorbryderus hyn. Yn hytrach, dwi'n mynd i fod yn garedig wrtha i fy hun."

Mae defnyddio gosodiadau ymdopi yn gallu bod yn ffordd gyflym ac effeithiol o wella gorbryder, yn enwedig os wyt ti'n gweithio'n galed ar wynebu dy ofnau gan ddefnyddio amlygu. Yn y bennod nesaf, byddwn ni'n meddwl mwy am sut i weithio gyda phryder, a sut gallwn ni drio torri ar draws trywydd gorbryderus o feddwl.

❧ 5 ❧

Herio pryderon

Pryd dylwn i bryderu am bryderu?

Mae pryderu weithiau yn ddefnyddiol. Mae pryderu yn broses o feddwl: "Beth os ...", ond oherwydd ei fod yn canolbwyntio ar ganlyniadau negyddol, mae ganddo agwedd emosiynol gref hefyd. Er ei fod yn teimlo'n ddrwg, mae llawer o bobl yn rhoi gwerth ar bryderu. Maen nhw'n meddwl, os nad ydyn nhw'n pryderu, y bydd pethau drwg yn digwydd (ac fel rydyn ni wedi sôn eisoes, mae hynny'n gallu bod yn wir i ryw raddau). Rydyn ni'n gwybod bod problemau'n codi pan fyddwn ni'n cael syniadau cadarnhaol cryf am bryderu, er enghraifft, "Mae pryderu yn golygu y bydda i'n osgoi pethau drwg", ynghyd â syniadau negyddol am bryderu, er enghraiffft, "Bydd pryderu gormod yn fy ngyrru i'n wallgof." Mae pryderu mwy yn gallu digwydd wedyn oherwydd ein bod ni'n meddwl bod hynny'n fuddiol, ond hefyd pryderu am y pryderu a theimlo'n negyddol am y peth. Mae hyn yn gymhleth.

Mae pryderu yn dechrau dod yn broblem pan wyt ti'n treulio llawer o amser yn pryderu ac mae'n dechrau ymyrryd â gwneud pethau eraill, a phan fydd pryderu yn achosi symptomau corfforol, fel cur pen, poen yn y stumog a phoen yn y cyhyrau.

Beth galla i ei wneud er mwyn i fy mhryder achosi llai o bryder?

GWEDDI TANGNEFEDD

Dyro i mi DANGNEFEDD i dderbyn
y pethau na allaf eu newid,
y GWROLDEB i newid
y pethau y gallaf;
a'r DOETHINEB i wybod
y gwahaniaeth.

Tynnu sylw

Dim ond hyn a hyn o le sydd yn y pen ar gyfer prosesu meddyliau – mae meddwl am ddau beth ar yr un pryd yn anodd iawn! Felly, un o'r ffyrdd gorau o ddelio â phryderon yw llenwi'r lle hwnnw â meddyliau eraill.

Tynnu sylw trwy ganolbwyntio ar dasg arall

I roi'r gorau i bryderu, gallwn ddefnyddio tasg anodd sy'n cymryd llawer o egni meddwl fel ein bod ni'n methu meddwl am ein pryder. Rydyn ni'n gwneud hyn am gyfnod byr i dorri ar draws y trên 'beth os' sydd yn mynd â ni pan fyddwn ni'n pryderu. Enghraifft dda o hyn yw cyfrif am yn ôl o 1,000 fesul tri am ddau funud. Gosoda larwm ar dy ffôn a chrycha dy dalcen. Os wyt ti'n athrylith mathemategol, mae'n bosib y bydd angen tasg fwy cymhleth i gadw dy ymennydd yn hollol brysur.

Profiad personol – Phoebe

Weithiau, dwi'n edrych o gwmpas yr ystafell ac yn sylwi faint o bethau sydd ynddi. Er enghraifft, tri phensil, dwy ffenestr ac un drws. Mae dod o hyd i dri o rywbeth, yna dau o rywbeth ac yna un peth yn gallu bod o gymorth mawr i fy sadio a thynnu fy sylw oddi ar feddyliau'n rasio.

Gweithgareddau tynnu sylw

Ffordd arall o dorri ar draws y cylch yw dy fwrw dy hun i weithgaredd sy'n gofyn am ychydig o ganolbwyntio ac sy'n dechrau gweithio ar y teimladau drwg sydd yn aml yn cadw cwmni i bryder (fel teimladau o dyndra yn dy gorff). Mae'n ddefnyddiol cael dewis o weithgareddau tynnu sylw sy'n rhoi mwynhad i ti, ac sy'n gwneud i ti deimlo'n dda, y galli di roi cynnig arnyn nhw pan fyddi di'n cael trafferth gyda dy bryderon. Gallai'r rhain fod yn greadigol (arlunio neu waith crosio) neu'n gorfforol (cicio pêl at wal neu fynd i redeg). Mae'n wir yn aml fod pryderon yn tyfu ac yn mynd yn fwy trafferthus yn ystod y nos pan nad oes llawer i'w wneud a llai o bethau i dynnu dy feddwl oddi arnyn nhw, felly gofala fod rhai o'r pethau sydd ar dy restr yn bethau rwyt ti'n gallu eu gwneud ar dy ben dy hun a heb wneud gormod o sŵn! Mae llyfrau lliwio cymhleth i oedolion neu bosau Sudoku yn ddefnyddiol, neu rho gynnig ar wrando ar lyfr llafar neu gerddoriaeth ar dy glustffonau.

Profiad personol – Phoebe

Dros y blynyddoedd, dwi wedi defnyddio sawl gweithgaredd i dynnu sylw. Mae fy rhai i wedi cynnwys gwau, gwnïo, beicio a découpage. Mae'r gweithgareddau hyn yn wahanol i bawb, felly mae'n rhaid i bawb ddod o hyd i rywbeth sy'n gweithio iddyn nhw.

Profiad personol – David

Fe wnes i ddechrau rhedeg ac roedd gan hynny ran sylweddol mewn lleddfu fy ngorbryder. Roedd rhedeg yn cynnig rhyddid o'r teimladau gorbryderus yn syth. Roedd fy meddwl yn tawelu, roeddwn i'n gorfeddwl llai ac roeddwn i'n ymlacio ac yn teimlo'n flinedig yn y nos. Roedd hyn yn fy helpu i gysgu.

RHESTR ENGHREIFFTIOL O BETHAU SY'N TYNNU SYLW MERCH 14 OED

☆ Ymarfer chwarae'r piano

☆ Chwarae gêm fwrdd gyda fy mrawd hŷn

☆ Coginio gyda fy rhieni

☆ Ysgrifennu cân neu gerdd

☆ Mynd am dro gyda'r ci (a gofyn i Dad)

☆ Ffonio ffrind agos am sgwrs

☆ Dysgu gwneud steil gwallt newydd ar-lein

Byddi di'n sylwi bod llawer o'r syniadau yn cynnwys person pwysig arall, oherwydd bydd cael rhywun arall i dynnu ein sylw oddi ar ein gorbryderon yn help. Rydyn ni hefyd yn gwybod bod closio at rywun sy'n annwyl i ni ac yn gwneud i ni deimlo'n ddiogel yn ei gwmni yn un o'r ffyrdd gorau i deimlo'n well pan fydd pethau'n anodd.

Amser penodol i bryderu

Os ydyn ni'n derbyn bod pryder yn normal, a hyd yn oed yn ddefnyddiol weithiau, ond ei fod yn llyncu gormod o amser neu'n ymddangos ar adegau lletchwith, un ateb yw penderfynu ar amser penodol i bryderu. Deg munud bob dydd, efallai, neu hanner awr unwaith yr wythnos. Mae'n dibynnu'n llwyr beth sydd orau i ti. Wrth gwrs, byddi di yn pryderu y tu allan i'r cyfnod hwn, ond y syniad yw dy fod ti'n sylwi ar bryderon ac yn eu cydnabod, "Dwi'n pryderu neu'n meddwl am rywbeth sy'n achosi pryder" (gallai'r strategaethau meddylgarwch ym Mhennod 6 helpu gyda hyn). Gallet ti ysgrifennu nodyn cyflym i ti dy hun os yw'n teimlo fel pryder pwysig, ond yna dweud wrthot ti dy hun, "Dwi'n mynd i feddwl am hyn yn ystod fy amser pryderu heno am saith" neu bryd bynnag y mae dy amser pryderu. Mae hyn yn gallu bod yn ddefnyddiol wrth ganiatáu i ti ollwng dy afael ar bryderon os ydyn nhw'n taro ar adeg pan mae angen i ti ganolbwyntio ar rywbeth arall, neu fod teimladau gorbryderus sy'n cadw cwmni i'r pryder yn achosi problem. Dylet ti drefnu amser pryderu ar gyfer amser a lle pan wyt ti'n teimlo'n dawel ac yn ddiogel. Yn ddelfrydol, dylai amser pryderu fod yn gyfle i siarad â rhywun rwyt ti'n ymddiried ynddo ac yn teimlo'n ddiogel yn ei gwmni, ac i rannu dy bryderon a thrafod pethau. Dydy pawb ddim yn ddigon ffodus i gael oedolyn neu ffrind maen nhw'n gallu ymddiried ynddo i'w helpu, ond mae rhoi cynnig ar y syniad o amser penodol i bryderu yn gallu bod o help. Dyma pryd rwyt ti'n cadw cofnod ysgrifenedig o bryderon ac yn gweithio drwyddyn nhw yn rhesymegol ac yn drefnus.

Bocs pryderon

Mae bocs pryderon yn lle i ti gadw dy bryderon os nad wyt ti am eu hanghofio (er nad yw eu hanghofio yn ddrwg o beth fel arfer!). Mae'n gallu dy helpu i ymdopi'n haws â phryder mawr pan fyddi di eisiau aros tan dy amser penodol nesaf i bryderu neu nes y cei di gyfle i ddidoli – sortio – dy bryderon a'u rhannu (gweler y paragraff nesaf). Beth am addurno bocs esgidiau (gallai hynny fod yn weithgaredd da i dynnu dy sylw os wyt ti'n pryderu) neu brynu bocs â chlo arno? Os wyt ti'n defnyddio bocs esgidiau, torra dwll yn y caead sy'n ddigon mawr i bostio papur drwyddo, ond sydd ddim yn ddigon mawr i dynnu'r papur allan yn hawdd. Galli di roi'r bocs pryderon yng ngofal person rwyt ti'n ymddiried ynddo, fel ei fod yn gyfrifol am dy bryderon am ychydig a dy fod ti'n gallu bwrw iddi gyda gweithgaredd tynnu sylw.

Rhannu pryderon a'u didoli

Efallai dy fod ti wedi clywed yr hen ddywediad, 'Ysgafnu baich yw ei rannu.' Rydyn ni'n credu bod hynny'n wir. Yn union fel amser penodol i bryderu, mae didoli pryderon a'u rhannu fel arfer yn cynnwys rhywun arall rwyt ti'n ymddiried ynddo. Fodd bynnag, rwyt ti'n gallu didoli dy bryderon hyd yn oed os nad oes gennyt ti rywrai i rannu dy bryderon di â nhw. Mae didoli pryderon yn golygu gwneud nodyn o dy holl bryderon a'u rhoi mewn grwpiau. Mae rhoi pob pryder ar nodyn Post-it yn gallu bod yn help, er mwyn eu trefnu'n grwpiau, neu mae'n bosib mai dim ond dwy golofn fydd gennyt ti ar y dudalen.

Pryderon dwi'n gallu eu herio	Pryderon sydd y tu hwnt i fi
Dwi'n pryderu sut bydda i'n cyrraedd fy arholiad cerddoriaeth.	Pryderu am farn pobl eraill amdana i yn yr ysgol.
Dwi'n pryderu 'mod i wedi siomi fy ffrind gorau drwy adael y parti yn gynnar.	Pryderu am fy mrawd/Mam/partner yn mynd yn sâl neu'n cael damwain.
Ofni cŵn.	Pryderu a fydd y brifysgol yn derbyn fy nghais.
Fydda i ddim yn cyflwyno fy ngwaith cwrs mewn pryd.	Gweld llun o hen gariad i fi ar ddêt gyda rhywun arall a phryderu ei bod o neu hi yn fwy o hwyl ac yn fwy deniadol na fi.

Tabl 5.1 Pryderon dwi'n gallu eu herio a phryderon sydd y tu hwnt i fi

Didoli yw dechrau derbyn y pethau rydyn ni'n methu eu newid a newid y pethau y gallwn ni, fel yn y Weddi Tangnefedd. Mae didoli yn dy helpu i deimlo mwy o reolaeth ac os wyt ti'n ei wneud gyda rhywun arall, mae'n golygu dy fod ti'n rhannu dy broblemau. Mae hynny weithiau yn ddigon i wneud iddyn nhw ymddangos yn llai neu hyd yn oed mor ddibwys nes eu bod nhw yn diflannu.

Datrys problemau

Efallai fod rhai o'n pryderon yn bethau y mae angen i ni wneud rhywbeth yn eu cylch. Er enghraifft, os wyt ti'n pryderu'n fawr am sut i gyrraedd dy arholiad cerddoriaeth, gallet ti wneud ymarfer datrys problemau. "Dydw i ddim yn gwybod pa fws i'w ddal neu a ydw i'n gallu dod oddi ar y bws yn agos at y lleoliad neu a fydd yn rhaid i fi gerdded ychydig. Sut bydda i'n gwybod ble i fynd?" Ar adegau fel hyn, mae datrys problemau yn gam gwerth chweil.

Camau i ddatrys problemau

Cam 1: Ysgrifenna'r holl atebion posib, waeth pa mor wirion:

☆ Peidio â mynd/canslo.

☆ Gofyn i Dad fynd â fi yno yn ei gar.

☆ Defnyddio ap cynllunio taith i gael cyfarwyddiadau.

☆ Gofyn i ffrind gadw cwmni i fi, er mwyn
fy helpu i os ydw i'n mynd ar goll.

☆ Cerdded i'r safle bysiau a gobeithio am y gorau.

☆ Ymarfer y daith i'r lleoliad y penwythnos cyn
fy arholiad, a gofyn i rywun ddod gyda fi.

Cam 2: Ysgrifenna fanteision ac anfanteision pob ateb posib:

MANTEISION PEIDIO Â MYND A CHANSLO:

☆ Lleihau'r straen sydd arna i.

☆ Dim angen gwneud mwy o ymarfer.

☆ Dim angen gofyn i neb am help.

ANFANTEISION PEIDIO Â MYND A CHANSLO:

☆ Byddwn i'n teimlo'n siomedig.

☆ Yr holl ymarfer cyn hyn wedi ei wastraffu.

☆ Bydda i'n colli cyfle.

☆ Bydd fy athrawes yn siomedig iawn.

☆ Fydda i ddim yn gallu symud ymlaen i'r radd nesaf.

Casgliad: rhy eithafol. Ddim yn ateb buddiol.

MANTEISION GOFYN I DAD FYND Â FI YNO YN EI GAR:

☆ Fydd dim rhaid pryderu am drafnidiaeth
gyhoeddus na cherdded yn bell iawn.

☆ Gallai Dad fy helpu i reoli fy ngorbryder
am yr arholiad yn y car.

☆ Am ddim.

ANFANTEISION GOFYN I DAD FY NGYRRU I:

☆ Mae Dad yn brysur iawn – efallai y byddai'n hwyr
yn dod i fy nôl i a byddai hynny'n achosi straen i fi.

☆ Byddwn i'n teimlo fel plentyn, a minnau
eisiau bod yn fwy annibynnol.

Casgliad: ddim yn ateb rhy ddrwg. Ateb posib.

MANTEISION DEFNYDDIO AP CYNLLUNIO TAITH:

☆ Byddwn i'n annibynnol.

☆ Byddwn i'n dysgu sgìl newydd.

☆ Byddwn i'n cael gwybod union hyd ac amser y daith.

ANFANTEISION DEFNYDDIO AP CYNLLUNIO TAITH:

☆ Does gen i ddim ffydd mewn ap; gallai rhywbeth fynd o chwith a byddai hynny'n cynyddu fy ngorbryder.

☆ Os bydd batri fy ffôn yn marw, fyddwn i ddim yn gwybod ble i fynd.

☆ Fydd neb gyda fi os bydd angen help arna i.

Casgliad: posibilrwydd.

MANTEISION GOFYN I FFRIND GADW CWMNI I FI RHAG OFN I FI FYND AR GOLL:

☆ Os ydw i'n gofyn i Jenny, mae hi'n wych gyda chyfarwyddiadau ac yn siŵr o ofyn i rywun os oes angen. Bydda i'n teimlo'n fwy hyderus.

☆ Bydd gen i rywun i sgwrsio â hi ac i dynnu fy sylw.

ANFANTEISION GOFYN I FFRIND GADW CWMNI I FI RHAG OFN I FI FYND AR GOLL:

☆ Dydw i ddim yn bod yn annibynnol.

☆ Byddwn i'n colli cyfle i ddysgu rhywbeth newydd.

*Casgliad: ddim yn ateb rhy ddrwg
ond nid dyma'r un gorau.*

MANTEISION CERDDED I'R SAFLE
BYSIAU A GOBEITHIO'R GORAU:

☆ *Efallai y bydda i'n dysgu bod pobl yn gallu helpu os
ydw i ar goll, a 'mod i'n gallu ymdopi ag ansicrwydd.*

☆ Does dim angen cynllunio na gwaith paratoi.

ANFANTEISION CERDDED I'R SAFLE
BYSIAU A GOBEITHIO'R GORAU:

☆ *Mae arholiad cerdd yn bwysig; nid dyna'r amser
gorau i wneud rhywbeth dwi'n ansicr ohono.*

☆ Mae'n debyg y byddwn i'n teimlo dan straen mawr.

☆ Efallai na fyddwn i'n cyrraedd yr arholiad.

*Casgliad: ddim yn ateb da.
Gormod o straen a gormod o risg.*

MANTEISION YMARFER Y DAITH GYDA
FFRIND Y PENWYTHNOS CYNT:

☆ *Bydda i'n teimlo'n ddiogel ar ddiwrnod yr arholiad.*

☆ Gallen ni ei throi hi'n daith hwyliog a dod o
hyd i bethau eraill i'w gwneud yn yr ardal.

☆ Cael treulio amser gyda ffrind dwi'n mwynhau ei gwmni.

☆ Bod yn annibynnol ar ddiwrnod yr arholiad, sy'n teimlo'n bwysig.

☆ Gallu defnyddio'r ap teithio a dysgu sgìl newydd.

ANFANTEISION YMARFER Y DAITH GYDA FFRIND Y PENWYTHNOS CYNT:

☆ Llyncu tipyn o amser ymarfer ar gyfer fy arholiad.

☆ Dwi'n poeni y bydd y ffrind yn meddwl 'mod i'n poeni'n ormodol wrth ymarfer y daith.

Casgliad: dyma'r ateb gorau, a dwi'n teimlo'n hapus gydag o.

Mae gweithio'n drefnus trwy broblemau fel hyn yn cymryd llawer llai o amser na'r disgwyl. Os yw amser yn brin, dewisa dy dri ateb gorau yn unig, oherwydd yn aml fydd rhai ddim yn gweithio, mae hynny'n amlwg (er enghraifft, doedd 'peidio â thrafferthu' byth yn mynd i fod yn ateb addas). Mae dewis y tri ateb gorau yn help mawr, yn ein barn ni, oherwydd bod themâu pwysig yn gallu dod i'r amlwg. Yn yr enghraifft hon, mae'r syniad am annibyniaeth i'w weld yn un allweddol. Yn aml, mae'n bwysig ystyried dod o hyd i gydbwysedd rhwng bod yn barod a derbyn cefnogaeth, a theimlo dy fod ti'n gallu gofalu amdanat ti dy hun. Mae dim ond gwybod bod ambell ateb ymarferol ar gael yn gallu lleihau dy orbryder, oherwydd bod gennyt ti gynllun wrth gefn. Mae pryderu am bethau fel 'Beth os yw'r ap yn torri?' neu 'Beth os yw Dad yn hwyr?' yn gallu gwneud i ti deimlo'n ofnadwy. Y ffordd orau o reoli pryderon fel hyn yw dod o hyd i'r ateb gorau i ti, cynnwys y rhai sy'n gorfod bod yn rhan o'r broses, ac yna llunio cynllun clir.

Os wyt ti'n dal i bryderu a theimlo'n orbryderus, yna'r cam nesaf yw cynllunio sut yn union rwyt ti'n mynd i weithredu'r ateb. Er enghraifft:

Mae angen i fi wneud y canlynol:

- dewis diwrnod

- dewis ffrind i ddod gyda fi

- cael y cyfeiriad a'r cod post

- lawrlwytho'r ap mapiau

- cynllunio'r daith

- cynllunio gweithgaredd difyr i'w wneud gyda fy ffrind ar y diwrnod hwnnw yn yr ardal honno.

Mae'n bosib y byddi di eisiau trafod neu ymarfer rhai pethau, er enghraifft, sut yn union rwyt ti'n mynd i ofyn i dy ffrind ac egluro sut mae angen ei help arnat ti, a pham.

Diflannu gyda'r lli

Mae bywyd yn llawn ansicrwydd. Dydyn ni ddim yn gwybod beth sy'n mynd i ddigwydd nesaf ac mae hyn yn gwneud bywyd yn gyffrous, ond mae hefyd yn gallu gwneud i ni deimlo'n orbryderus. Mae'n bosib y bydd rhai o'n pryderon yn teimlo'n bwysig iawn ac y bydd hi'n anodd llacio gafael ynddyn nhw, er ein bod ni wedi eu rhoi nhw ar y pentwr 'derbyn y pethau rydyn ni'n methu eu newid'.

Un o'r ffyrdd i bobl ifanc roi caniatâd i'w hunain 'lacio gafael' yw ysgrifennu'r pryderon ar bapur tŷ bach a'i fflysio i lawr y toiled.

Profiad personol – Phoebe

Yn y gorffennol, dwi wedi ysgrifennu fy holl bryderon ar falŵn a'i ollwng y tu allan. Dyma oedd fy ffordd i o lacio gafael yn fy ngorbryderon.

Mae pryder yn normal ac mae pawb yn pryderu. Weithiau, rydyn ni'n dod yn dda iawn am 'drychinebu' ac mae'r cwestiynau 'beth os' yn mynd â ni i'r canlyniad gwaethaf posib yn gyflym iawn. Weithiau, rydyn ni'n mynd yn sownd yn meddwl am bethau drwg a allai ddigwydd. Mae hynny'n gallu cymryd drosodd, a golygu ein bod ni'n methu meddwl yn gall a hyd yn oed yn dechrau teimlo'n sâl yn gorfforol. Gobeithio bod y syniadau yn y bennod hon yn gallu dy helpu i dderbyn y pethau rydyn ni'n methu eu newid a newid y pethau rydyn ni'n gallu eu derbyn, fel dy fod ti'n gallu llacio dy afael mewn rhai pryderon a chael atebion buddiol lle mae hynny'n bosib. Rydyn ni'n credu y bydd y syniadau yn y bennod nesaf wirioneddol yn dy helpu i lacio dy afael mewn pryderon. Felly os yw hi'n anodd i ti dderbyn, dal ati i ddarllen.

Un peth arall...

Mae'r syniadau am sut i herio gorbryder drwy CBT ychydig yn wahanol i'r syniadau rydyn ni'n eu trafod ym Mhenodau 6 a 7. Mae CBT yn canolbwyntio ar herio gorbryderon yn uniongyrchol, ac mae pobl weithiau yn gweld bod defnyddio technegau fel meddylgarwch (Pennod 6) a strategaethau hunangysuro (Pennod 7) yn fwy buddiol iddyn nhw na'r strategaethau uniongyrchol hyn.

Mae pawb yn wahanol ac roedden ni eisiau cyflwyno syniadau am sawl ffordd o reoli meddyliau, teimladau ac ymddygiadau gorbryderus, fel dy fod ti'n gallu dewis y ffordd sydd orau i ti. Weithiau, pan fyddwn ni'n teimlo'n gynhyrfus iawn ac o dan fygythiad, gallai rhoi cynnig ar y technegau uniongyrchol deimlo'n ormod. Ar adegau fel hyn, mae angen i ti fabwysiadu agwedd fwy tosturiol tuag atat ti dy hun a dy feddyliau. Ar adegau eraill, pan fyddi di'n teimlo'n dawelach ac yn gallu canolbwyntio'n well, mae'n help eistedd gydag oedolyn rwyt ti'n ymddiried ynddo (neu ar dy ben dy hun gyda dy lawlyfr) a threulio peth amser yn herio meddyliau, a chynllunio sut i ymateb i orbryderon. Yn aml iawn, pan fyddwn ni'n teimlo dan fygythiad ac yn ein cyflwr 'ffoi/ymladd/rhewi', dydyn ni ddim yn gallu cyrraedd yr ymennydd meddwl yn iawn. Bryd hynny, mae angen i ni leddfu ein system fygythiad (Pennod 7) cyn cael yr ymennydd meddwl yn ôl ar-lein a dechrau meddwl am ddefnyddio'r dulliau sydd wedi eu hamlinellu yn y bennod hon ac ym Mhenodau 4 a 5.

Bydd dy ddull o reoli dy orbryder yn wahanol wrth reoli sefyllfaoedd gwahanol. Mae hefyd yn gallu newid ar adegau gwahanol yn dy fywyd, yn dibynnu ar y mathau o straen rwyt ti'n delio â nhw. Weithiau, efallai y bydd fel petai un dull yn gweddu'n well i ti.

6

Bod yn feddylgar

Wyt ti weithiau'n teimlo bod dy *feddwl* yn *llawn* pryderon am yr hyn sydd wedi digwydd neu a allai ddigwydd? Weithiau, mae cymaint o bethau ar ein meddwl, mae'n gallu bod fel sŵn diddiwedd, corwynt neu hyd yn oed beiriant golchi!

Techneg sy'n gallu helpu i dawelu ein meddyliau a chanolbwyntio ar yr ennyd bresennol – dyna yw meddylgarwch. Hynny yw, trio meddwl am y presennol rŵan hyn, yn hytrach na'r gorffennol na'r dyfodol. Os oes meddyliau'n rasio drwy dy feddwl, mae'n bosib dy fod ti'n teimlo'n orbryderus, yn bryderus, wedi dy lethu neu dan straen. Mae'n gallu bod yn ddefnyddiol treulio peth amser i wneud dim byd ond 'bod yn ymwybodol' yn yr ennyd bresennol, gan dderbyn yr hyn sy'n digwydd o dy gwmpas. Mae meddylgarwch yn wahanol iawn i ymlacio, er dy fod ti'n gallu teimlo wedi ymlacio'n llwyr ar ôl ei brofi. Nod meddylgarwch yw canolbwyntio dy feddwl a bod yn fwy ymwybodol o'r hyn rwyt ti'n ei brofi. Gydag ymlacio, y nod yn syml yw ymlacio neu ryddhau tyndra o'r corff neu'r meddwl.

I sylwi ar yr ennyd bresennol yn llawn, dylet ti drio bod yn ymwybodol o'r pum synnwyr. Tria feddwl am y pethau sy'n mynd â dy sylw di fel petai'n brofiad newydd sbon. Mae'n bosib y byddi di'n gofyn i ti dy hun, "Beth galla i ei glywed? Ei arogli? Ei flasu? Ei weld?

Ei deimlo?" Yn ystod y weithred hon o feddylgarwch, mae angen cydnabod a derbyn unrhyw feddyliau sy'n codi, ond heb feddwl amdanyn nhw na gweithredu arnyn nhw (caniatáu iddyn nhw fynd a dod o'r meddwl). Arweinia dy hun yn ôl i'r ennyd bresennol gan bwyll, a thria beidio â bod yn galed arnat ti dy hun. Paid â barnu dy feddyliau fel rhai 'da' neu 'ddrwg' – dim ond 'yno' maen nhw. Mae meddylgarwch yn delio â meddyliau a theimladau gorbryderus mewn ffordd wahanol i CBT. Pan fyddwn ni'n feddylgar, rydyn ni'n derbyn ac yn llacio gafael mewn meddyliau, yn hytrach na'u cipio a'u gwerthuso. Os ydyn ni'n cynnal ein sylw, ac yn derbyn yr hyn sy'n digwydd yn yr ennyd, mae'n gallu'n harwain ni i deimlo'n dawelach, gyda mwy o reolaeth. Rydyn ni wedyn yn gallu dysgu i ymateb mewn ffordd fwy buddiol i'r hyn sy'n digwydd o'n cwmpas.

Yn ogystal â gorbryder, mae meddylgarwch yn gallu helpu gyda:

- hwyliau isel / teimlo'n drist

- dicter

- problemau mewn perthynas

- straen

- anawsterau corfforol a phoen (hyd yn oed annwyd a'r ffliw!).

Un o'r pethau pwysicaf am feddylgarwch yw bod angen ei ymarfer. Efallai na fydd popeth yn digwydd yn hollol iawn y tro cyntaf, na'r ail dro, ond os wyt ti'n dal ati i ymarfer, byddi di'n gweld, gobeithio, dy fod ti'n gallu ei wneud yn haws a'i fod yn dechrau helpu. Paid â theimlo dy fod ti wedi methu os nad wyt ti yn ei wneud yn berffaith i ddechrau – does neb yn gallu gwneud hynny!

Profiad personol – Josh

Roeddwn i wastad wedi bod braidd yn amheus o feddylgarwch a'i dechnegau anadlu. Ond erbyn hyn maen nhw yn rhan o fy ymarfer dyddiol ac wedi bod yn hynod werthfawr. Mae wedi fy helpu i reoli fy meddwl gorweithgar a'i dueddiad i orfeddwl.

Mae meddylgarwch yn ymwneud â chanolbwyntio ar yr ennyd bresennol, gan ganolbwyntio ein meddyliau ar rywbeth ar wahân i'n pryderon a'n trafferthion. I'n helpu ni i wneud hyn, rydyn ni'n dewis canolbwyntio ar un o'n synhwyrau ar y tro.

Dyma ymarfer buddiol i ti roi cynnig arno:

Ymarfer meddylgarwch 1: Meddylgarwch o ran bwyta (botymau siocled)

(Rwyt ti'n gallu gwneud yr ymarfer hwn hefyd gyda ffrwyth sych neu unrhyw ddarnau bach o fwyd.)

1. Dalia'r botwm siocled rhwng dy fys a dy fawd.

2. Canolbwyntia dy sylw ar y botwm siocled, gan edrych arno'n ofalus fel petaet ti erioed wedi gweld un o'r blaen. Beth rwyt ti'n ei weld? Pa liwiau rwyt ti'n eu gweld? Ydyn nhw'n dywyll neu'n olau? Edrycha ar y gwead – yn llyfn neu'n arw? Pa siapiau rwyt ti'n eu gweld? Ydy'r ymyl yn llyfn neu'n arw?

3. Coda'r botwm siocled at dy drwyn a'i arogli am ychydig. Pa arogleuon rwyt ti'n sylwi arnyn nhw? Ydy'r arogleuon yn gryf? Yn felys? Ydyn nhw'n dy atgoffa di o rywbeth?

4. Teimla'r botwm siocled yn dy fysedd. Beth rwyt ti'n ei deimlo? Ydy o'n galed neu'n dechrau toddi? Ydy o'n teimlo'n arw neu'n llyfn? Sylwa ar y pwysau. Ydy o'n gynnes neu'n glaear?

   Ceisia fod yn ymwybodol o unrhyw feddyliau rwyt ti'n eu cael am y botwm siocled, gan sylwi ar unrhyw synnwyr o hoffi/ddim yn hoffi.

5. Coda'r botwm siocled at dy wefusau a sylwa ar unrhyw newidiadau yn dy gorff. Rho'r botwm siocled yn dy geg a gadael iddo ddechrau toddi ar dy dafod. Sut mae hyn teimlo? Ar beth rwyt ti'n sylwi? Sut mae'n blasu? Ydy'r blas yn newid neu'n aros yr un fath?

6. Bwyta'r botwm siocled.

Ar beth gwnest ti sylwi yn ystod yr ymarfer hwn? Oedd hynny'n wahanol i'r hyn roeddet ti wedi ei ddisgwyl? Wnest ti sylwi ar unrhyw beth newydd am y botwm siocled?

Mae'r ymarfer hwn yn dangos sut rydyn ni'n aml yn gwneud pethau heb feddwl amdanyn nhw o ddifri. Rydyn ni yn eu gwneud yn hanner cysgu neu ar 'autopilot', yn hytrach na bod yn gwbl ymwybodol yn yr ennyd bresennol.

Er enghraifft, gallen ni fwyta pecyn cyfan o fotymau siocled heb eu blasu mewn gwirionedd. Neu efallai y byddwn ni'n cerdded i lawr y ffordd yn canolbwyntio ar beth rydyn ni'n mynd i'w gael i de, ar y coleg neu ar ffrae rydyn ni wedi ei chael gyda'n ffrindiau, yn hytrach na chanolbwyntio ar y teimladau yn y corff wrth gerdded, y lliwiau rydyn ni yn eu gweld, yr awel ar ein croen, crensian y dail o dan ein traed.

Mae meddylgarwch yn ymwneud â dewis rhoi ein sylw i'n synhwyrau – beth rydyn ni'n gallu ei weld, ei deimlo, ei arogli, ei flasu a'i glywed yn yr ennyd bresennol.

Dyma ymarfer sy'n ein helpu i wneud hyn:

Ymarfer meddylgarwch 2: Bod yn ymwybodol yn yr ennyd

Treulia rai munudau yn creu sylfaen i ti dy hun yn y presennol. Beth sy'n digwydd i dy gorff ac i'r byd o dy gwmpas?

Beth rwyt ti'n ei weld? Lliwiau? Siapiau? Er enghraifft, coed, bywyd gwyllt.

Beth rwyt ti'n ei glywed? Er enghraifft, pobl yn siarad, traffig, adar.

Beth rwyt ti'n ei arogli? Er enghraifft, dillad newydd eu golchi, bwyd, persawr rhywun.

Beth rwyt ti'n ei flasu? Er enghraifft, bwyd rwyt ti wedi ei fwyta, mint.

Beth rwyt ti'n ei deimlo? Er enghraifft, dillad yn erbyn dy groen, gwynt ar dy wyneb, traed yn erbyn y ddaear.

Wyt ti'n synhwyro rhywbeth yn dy gorff? Ydy o'n boeth neu'n oer?

Galli di ddewis trafod gwrthrych mewn ffordd feddylgar – gan sylwi ar sut mae'n edrych, yn arogli ac yn teimlo. Dyma enghreifftiau o bethau i'w defnyddio:

- cerrig mân – golwg, teimlad

- darn o ddefnydd – teimlad, golwg

- hufen corff – teimlad, arogl

- cannwyll/tân – golwg.

Profiad personol – Sue

Dwi'n cario carreg fach i bobman. Mae'n lliw glas dwfn, ond yn troi'n lliw emrallt wrth ei dal i fyny at y golau. Mae patrwm hardd, naturiol arni sy'n fy atgoffa o flodau coeden geirios o Japan. Mae'n llyfn, heblaw am ddau frycheuyn ar un ochr sy'n arw pan wyt ti'n rhedeg dy fysedd ar eu traws. Pan dwi'n teimlo wedi fy llethu, dwi'n edrych ar y garreg yn feddylgar, ac mae hynny'n fy helpu i dawelu.

Ymarfer arall i dy helpu i hoelio dy sylw yw chwythu swigod yn feddylgar.

Ymarfer meddylgarwch 3: chwythu swigod yn feddylgar

I wneud hyn, mae angen hylif swigod. Chwytha swigod yn araf, gan sylwi sut deimlad yw chwythu aer yn ofalus allan o dy geg. Canolbwyntia'n llawn ar greu'r swigen. Gwylia'r lliwiau a beth rwyt ti'n ei weld ar wyneb y swigen, gan gynnwys unrhyw olau neu adlewyrchiadau. Sylwa pan fyddan nhw'n taro i mewn i'w gilydd. Edrycha ar faint a gwead y swigod. Gwylia nhw'n byrstio! Bydda'n ymwybodol o unrhyw feddyliau neu deimladau rwyt ti'n eu profi yn ystod yr ymarferiad. Sylwa, ond paid â gweithredu, ar unrhyw ysfa i fyrstio'r swigod (er gwaetha'r demtasiwn!). Dal ati i gyflwyno dy sylw yn ôl i'r teimlad o chwythu'r swigod a beth rwyt ti'n ei weld. Gwylia'r swigod yn hofran o gwmpas yr ystafell.

Un o'r ymarferion meddylgarwch mwyaf cyffredin yw anadlu meddylgar. Mae hyn yn arbennig o fuddiol o ran gorbryder, oherwydd mae'n helpu i arafu a thawelu dy anadlu.

Ymarfer meddylgarwch 4: Anadlu meddylgar

1. Gwna dy hun yn gyfforddus, yn gorwedd ar dy gefn neu'n eistedd. Os wyt ti'n eistedd, cadwa dy gefn yn syth a gad i dy ysgwyddau ostwng yn araf. Gofala dy fod ti'n teimlo'n gyfforddus.

2. Teimla dy amrannau'n mynd yn drwm, gan gau dy lygaid yn araf os yw'n teimlo'n gyfforddus. Os nad yw hyn yn gyfforddus i ti, edrycha ar bwynt yn yr ystafell a dalia i edrych arno.

3. Rho sylw i dy anadlu, anadlu i mewn yn araf ... ac allan yn araf.

4. Nawr rho sylw i dy stumog, gan ei deimlo yn codi'n ysgafn wrth i ti anadlu i mewn a disgyn wrth i ti anadlu allan.

   Canolbwyntia ar dy anadlu – pob anadl i mewn a phob anadl allan.

5. Nawr rho dy sylw i dy drwyn. Teimla'r aer oer yn rhuthro drwy dy ffroenau pan wyt ti'n anadlu i mewn, a'r aer cynnes yn rhuthro allan drwy dy geg wrth i ti anadlu allan. Os wyt ti'n cael trafferth canolbwyntio, newidia'r drefn, gan anadlu i mewn drwy dy geg ac allan drwy dy drwyn.

6. Bob tro rwyt ti'n sylwi bod dy feddwl wedi crwydro oddi ar yr anadl, sylwa beth oedd yn gyfrifol am hynny. Yna, yn dawel ac yn dyner, tyrd â dy sylw yn ôl i'r teimlad o'r anadl yn symud i mewn ac allan o'r corff. Paid â barnu'r meddwl na ti dy hun – gad lonydd iddo.

   Os yw dy feddwl yn crwydro oddi wrth yr anadl sawl gwaith, dy unig dasg di yw tynnu dy sylw'n ôl at dy anadl bob tro.

   Rho gynnig ar yr ymarfer hwn bob dydd. Profa'r teimlad o dreulio ychydig o amser bob dydd yng nghwmni dy anadl, heb orfod gwneud dim byd.

Delio â dy feddyliau gorbryderus

Dau o'r prif bethau sy'n gallu torri ar draws meddylgarwch yw pethau sy'n tynnu ein sylw a'n meddyliau.

Mae pawb yn cael meddyliau di-fudd neu anodd weithiau. Pan fydd y meddyliau hyn yn dechrau cynyddu, maen nhw'n gallu achosi straen nei deimlad o golli rheolaeth, fel petai pwysau'r byd ar dy ysgwyddau neu fod dy ben yn mynd i ffrwydro! Weithiau, mae pobl eisiau gwthio'r meddyliau di-fudd i ffwrdd a thrio'u rhwystro neu eu hanwybyddu.

Dydy hyn ddim yn gweithio. Er enghraifft, os wyt ti'n trio peidio â meddwl am eliffant pinc (rho gynnig arni am 30 eiliad) ... beth sy'n digwydd?

Byddi di'n dechrau meddwl am eliffantod pinc yn fwy fyth!

Mae pobl eraill yn trio canolbwyntio ar y meddyliau, ond mae hynny'n gallu arwain at orfeddwl a meddyliau negyddol yn troi a throi – pryderu am bryderu (mae rhagor o wybodaeth am hyn ym Mhenodau 4 a 5).

Weithiau, mae cael gwared ar bryderon am y gorffennol a meddyliau am y dyfodol yn gallu bod yn fuddiol. Mae hyn yn gallu arwain at deimlo mwy o reolaeth a thawelwch.

Y peth pwysig i'w gofio yw mai *dim ond* meddyliau a phryderon yw ein meddyliau a'n pryderon – dydyn nhw ddim yn ffeithiau. Does dim angen i ni weithredu ar ein meddyliau, a gallwn ni ddewis sylwi arnyn nhw a dim byd mwy. Os ydyn ni'n gallu sylwi ar ein meddyliau a'u derbyn, gallwn adael llonydd iddyn nhw – dim ond sylwi eu bod nhw yno, heb drio'u rheoli.

Mae'n gallu bod yn help dychmygu meddyliau'n chwythu i ffwrdd ar yr awel, neu'n cael eu cario i ffwrdd mewn nant. Mae ymarfer 5 yn dychmygu meddyliau fel cymylau yn mynd droson ni yn yr awyr.

Ymarfer meddylgarwch 5: cymylau yn yr awyr

1. Dychmyga dy fod ti'n gorwedd mewn cae yn syllu ar yr awyr. Rwyt ti'n teimlo'n gynnes ac wedi ymlacio. Rwyt ti'n syllu'n dawel ar yr awyr.

   Mae'r awyr yn las llachar â chymylau gwyn pluog. Nawr gwylia'r cymylau'n hofran drwy'r awyr, wrth iddyn nhw symud a chilio o'r golwg. Sylwa ar eu siapiau a'u lliwiau wrth iddyn nhw hofran oddi yno yn araf drwy'r awyr.

2. Nawr, dychmyga mai meddyliau yn mynd trwy dy ben yw'r cymylau. Wrth iddyn nhw basio heibio, rwyt ti'n sylwi arnyn nhw, yn edrych arnyn nhw ac yn eu gwylio'n cilio.

3. Cama'n ôl a sylwa ar dy feddyliau wrth iddyn nhw ymddangos, fel petaen nhw'n gymylau.

   Sylwa arnyn nhw fel maen nhw'n ymddangos, a gad iddyn nhw fynd heibio, a chilio.

Gwna hyn gyda phob meddwl sy'n dod i dy ben

4. Wrth i ti sylwi ar bob un o'r meddyliau, paid â dal dy afael ynddyn nhw. Dim ond sylwi ar bob un a gadael iddo hofran heibio i ti. Wrth i ti wylio'r meddwl yn cilio, mae'n colli ei afael arnat ti ac yn mynd yn llai pwerus.

Mae'n well gan rai pobl feddwl am feddyliau fel dail sy'n cael eu chwythu i ffwrdd gan y gwynt, neu fel swigod sebon yn cilio drwy'r awyr.

Mae rhai pobl yn hoffi cofnodi eu meddyliau ar ddarn o bapur ac yna gwasgu'r papur yn belen a'i thaflu (sylwi ar dy feddyliau a llacio dy afael ynddyn nhw). Ym Mhennod 5, gwnaethon ni sôn am y syniad o'u nodi ar bapur tŷ bach a'u fflysio. Mae hyn yn gallu bod yn arbennig o ddefnyddiol amser gwely – llacio gafael ym meddyliau'r dydd, a gadael i dy feddwl orffwyso. Mae'n fuddiol hefyd ar adegau pan wyt ti'n teimlo wedi dy lethu gan ormod o bethau yn digwydd yn dy ben.

Meddylgarwch am deimladau gorbryderus yn y corff

Mewn ffordd debyg i reoli meddyliau gorbryderus, gallwn ddysgu sylwi ar deimladau gorbryderus yn y corff, eu caniatáu a'u derbyn. 'Hwylio tonnau' teimladau gorbryderus yw disgrifiad rhai o hyn. Rydyn ni'n gwybod bod teimladau gorbryderus yn dechrau pylu pan fyddwn ni'n aros yn ddigon hir, felly mae modd i ni eu derbyn ac aros iddyn nhw fynd. Pan fyddwn ni'n cael y teimladau hyn, mae'n gallu bod yn help i ni eu hystyried nhw mewn ffordd feddylgar. Cama'n ôl a sylwa ar y teimladau wrth i ti eu profi nhw yn dy gorff. Ble rwyt ti'n gallu eu teimlo nhw? (Yn dy freichiau, dy wyneb, ardal y galon, dy goesau?) Sut beth yw'r synwyriadau? Pa mor ddwys yw'r synwyriadau? Pa siâp ydyn nhw? Ydyn nhw'n mynd a dod neu'n aros yr un fath? Arhosa'n chwilfrydig ac ymchwilia i'r hyn rwyt ti'n ei brofi. Gallai anadlu'n ddwfn am ychydig a gadael i'r synwyriadau 'fodoli' fod yn fuddiol. Paid ag ymladd yn eu herbyn, dim ond caniatáu iddyn nhw fodoli a mynd. Atgoffa dy hun eu bod nhw'n ymatebion corfforol cwbl arferol a'u derbyn nhw.

Mae bod yn feddylgar o deimladau yn gallu bod yn anodd, yn enwedig ar y dechrau. Ond pan fyddi di wedi llwyddo i hwylio tonnau teimladau gorbryderus unwaith neu ddwy, ac wedi eu gwylio yn stopio yn y pen draw, gall hyn roi hwb i dy hyder dy fod ti'n gallu hwylio'r don eto.

Rhwystrau posib

Mae pobl yn aml yn teimlo nad ydyn nhw'n gwneud yr ymarferion yn iawn neu y dylen nhw allu canolbwyntio'n well. Rhan o feddylgarwch yw gallu sylwi bod y meddyliau hyn yn iawn, a bod cymryd dy amser i wneud yr ymarferion yn iawn. Does dim ots faint o weithiau mae dy feddwl yn crwydro. Y cyfan mae angen i ti ei wneud yw tynnu yn dawel dy sylw yn ôl i'r presennol.

Sut i gyflwyno meddylgarwch i dy fywyd bob dydd (ambell syniad)

- Pan fyddi di'n deffro yn y bore, tro dy sylw at dy anadlu. Sylwa'n feddylgar ar bum anadl yn union fel y maen nhw (dim byd ffansi!).

- Sylwa ar dy draed a bysedd dy draed – y cynhesrwydd, teimlad dy sanau, y pwysau ar rannau gwahanol o'r traed, pwysau dy gorff a'r teimlad o gydbwysedd dros dy draed. Wigla fysedd dy draed hefyd, os hoffet ti.

- Chwilia am rywbeth sy'n bersonol i ti (e.e. carreg fach/ gemwaith). Cadwa hwn gyda ti a'i ddefnyddio ar adegau pan wyt ti'n teimlo'n orbryderus.

- Dewisa ddywediad meddylgar sy'n ddefnyddiol i ti – mantra, os mynni di. Ysgrifenna neu argraffa'r dywediad a'i roi lle byddi di yn ei weld yn rheolaidd (e.e. ar gerdyn yn dy waled, neu ar ddrych neu fwrdd wrth ymyl y gwely). Pan fyddi di'n teimlo'n orbryderus, canolbwyntia ar y dywediad.

Profiad personol – Phoebe

Fy mantra i yw: canolbwyntia ar beth sydd o dy gwmpas. Mae pethau'n digwydd fel maen nhw'n digwydd. Dyma'r presennol.

- Edrycha'n feddylgar ar rywbeth. Er enghraifft, teilsen ar nenfwd y deintydd, neu feiro neu batrymau ar ddesg yn ystod arholiad.

- Os wyt ti'n teimlo dan straen, rho gynnig ar ymarfer sganio'r corff yn feddylgar (gweler Ymarfer 6 isod).

- Pan fyddi di yn y gawod, sylwa ar deimlad y dŵr ar dy groen. Sut mae'n teimlo? Wrth edrych ar y dŵr, beth rwyt ti'n ei weld? Meddylia am y tymheredd – poeth neu oer? Sylwa ar arogl unrhyw sebon rwyt ti'n ei ddefnyddio.

- Pan fyddi di'n cael bath (llawn swigod), gad i dy gorff ymlacio a suddo i mewn i'r dŵr, gan deimlo'n drwm. Sut mae dy gorff yn teimlo? Gwylia'r dŵr a'r swigod – beth rwyt ti'n ei weld? Lliwiau? Siapiau? Arogleuon?

- Pan fyddi di'n sefyll y tu allan, cama'n ôl am ychydig a sylwa'n feddylgar ar beth sy'n digwydd o dy gwmpas. Beth rwyt ti'n ei weld neu yn ei glywed? Yna sylwa'n feddylgar ar beth sy'n digwydd yn dy gorff. Sut mae'n teimlo? Wyt ti'n teimlo'r gwynt/haul ar dy groen?

- Pan fyddi di'n teimlo'n orbryderus, anadla'n feddylgar bum gwaith a sylwa ar dy anadl. Bob tro mae dy feddwl yn crwydro at feddwl di-fudd, arweinia dy sylw yn dawel yn ôl at dy anadl.

- Pan fyddi di'n cael meddyliau di-fudd, sylwa ar rywbeth (fel llun, beiro neu ffotograff). Edrycha'n feddylgar arno, gan sylwi beth rwyt ti'n ei weld a sut mae'n teimlo. Pan fydd dy feddwl yn crwydro, arweinia dy sylw yn dawel yn ôl at y peth.

Sganio'r corff yw'r ymarfer meddylgarwch olaf. Mae hyn yn help arbennig i ymlacio dy feddwl yn y bore neu gyda'r nos. Ond mae'n bosib y bydd angen mwy o ymarfer ar hyn. Treulia gymaint o amser ag y mynni di yn gwneud yr ymarfer hwn. Mae rhai'n hoffi gosod larwm (neu glychau meddylgarwch hyd yn oed) i ddod â'r ymarfer i ben, fel nad yw eu meddyliau'n canolbwyntio ar beth maen nhw'n ei wneud nesaf.

Ymarfer meddylgarwch 6: Sganio'r corff

1. Chwilia am le ac amser pryd mae'n annhebygol y bydd neb yn tarfu arnat ti, lle galli di ymlacio. Eistedda (gan gadw dy gefn yn syth), neu gorwedda ar y llawr. Ymlacia

i mewn i'r gadair, i'r llawr neu i'r glustog. Teimla dy hun yn suddo, dy freichiau'n mynd yn drwm, dy goesau'n suddo i'r gadair/llawr. Gad i dy ysgwyddau ymlacio. Teimla dy amrannau'n mynd yn drwm, gan gau dy lygaid yn araf os yw'n teimlo'n gyfforddus. Neu gad i dy lygaid ganolbwyntio'n dawel ar ryw bwynt yn yr ystafell.

2. Dechreua drwy sylwi ar dy anadlu. Gan anadlu i mewn ... ac allan ... sylwa ar dy frest yn codi ac yn disgyn wrth i ti wneud hynny.

3. Yna, pan fyddi di'n barod, dychmyga olau llachar yn disgleirio ar ran o dy gorff, gan dy helpu i sylwi ar y rhan honno a chanolbwyntio arni. Yn gyntaf, sylwa ar y golau'n symud tuag at dy goesau a dy draed. Sylwa ar unrhyw dyndra yn dy goesau a dy draed, ac wrth i ti anadlu allan, teimla'r tyndra yn dianc o dy gorff, i lawr drwy dy goesau, dy fferau/bigyrnau, dy draed ac i lawr drwy'r ddaear.

4. Pan fyddi di'n barod, sylwa ar y golau'n codi tuag at dy ysgwyddau, dy gefn, dy stumog a dy gluniau. Sylwa ar unrhyw dyndra yn y rhannau hyn, ac wrth i ti anadlu allan, teimla'r tyndra yn dianc o dy gorff, i lawr drwy ganol dy gorff, dy goesau, dy draed ac i lawr drwy'r ddaear.

5. Yna sylwa ar y golau'n symud tuag at dy ysgwyddau, dy freichiau a dy ddwylo. Sylwa ar unrhyw dyndra, ac wrth i ti anadlu allan, teimla'r tyndra yn dianc o dy gorff, i fyny drwy'r breichiau, drwy ganol y corff, y coesau a'r traed ac i lawr drwy'r ddaear.

6. Yn olaf, sylwa ar y golau'n symud tuag at dy ben, dy wyneb a dy wddf. Sylwa ar unrhyw dyndra yn y rhannau hyn, ac wrth i ti anadlu allan, teimla'r tyndra yn dianc o dy gorff, i lawr drwy dy ysgwyddau, canol dy gorff, dy goesau a dy draed ac i lawr drwy'r ddaear.

7. Pan fyddi di'n barod, tro dy sylw'n dawel yn ôl at dy anadlu. Teimla'r golau'n canolbwyntio ar y corff cyfan. Wrth i ti anadlu i mewn, sylwa ar unrhyw dyndra, ac wrth i ti anadlu allan, gad iddo ryddhau a llifo allan o'r corff.

8. Pan fyddi di'n teimlo'n barod, wigla fysedd dy draed a thyrd yn ôl yn dawel i'r ystafell, yn barod ac yn llawn egni i wynebu dy ddiwrnod.

❧ 7 ❧

Lleddfu dy system fygythiad

Pan fyddwn ni'n teimlo'n orbryderus neu'n bryderus, rydyn ni'n teimlo dan fygythiad ac mae hynny'n arwain at ysgogi ein system fygythiad. Pan fydd ein system fygythiad ar waith, os wyt ti'n cofio Pennod 1, rydyn ni'n hynod wyliadwrus ac yn barod i ffoi, ymladd neu rewi. Mae hormonau bygythiad yn pwmpio o gwmpas ein corff ac yn ein paratoi ni i ymateb. Gallai hyn olygu ein bod ni'n anadlu'n gyflym iawn, bod ein calon yn rasio, ein corff yn llawn tyndra, ein stumog yn corddi a ninnau'n teimlo ar bigau drain. Mae'n debyg hefyd ei bod hi'n teimlo fel petaen ni'n methu rheoli ein meddyliau!

Er mai bwriad yr ymateb corfforol hwn yw ein cadw ni'n ddiogel a'n helpu i oroesi unrhyw fygythiad posib, mae'r ymateb ynddo'i hun yn gallu bod yn ddigon i wneud i ni deimlo panig a mwy fyth o orbryder. Gwnaethon ni sôn ym Mhennod 3 bod cysylltiad rhwng ein meddyliau, ein teimladau, ein synwyriadau corfforol a'n hymddygiad. Felly, pan mae'r galon yn rasio, neu pan fyddwn ni'n anadlu'n gyflym, mae hynny'n gallu sbarduno meddyliau gorbryderus ac ymddwyn mewn ffyrdd gorbryderus.

Profiad personol – Sue

Roeddwn i'n arfer teimlo panig yng nghanol tyrfa fawr o bobl weithiau. Byddwn i'n anadlu'n gyflym, byddai fy mhen i'n troi ac roedd yn rhaid i fi eistedd – a byddai hyn yn gwneud i mi bryderu'n fwy fyth!

Un o'r ffyrdd gorau o dawelu ein system fygythiad yw ein cysuro ein hunain. Mae hyn yn helpu i arafu ymatebion ein corff, fel nad ydyn nhw'n ychwanegu at ein teimladau o orbryder. Yn ei dro, mae newid yr ymatebion corfforol hyn yn effeithio ar ein meddyliau, gan ein helpu i deimlo'n llawer tawelach yn gyffredinol. Corff tawel = meddwl tawel.

Pan ydyn ni'n blant ifanc ac yn wynebu her neu anhawster sy'n achosi gofid i ni, mae pobl eraill yn ein cysuro neu yn ein tawelu (rhiant neu ofalwr, fel arfer), er enghraifft drwy gwtsh neu eiriau cysurlon. Mae'r cysuro hwn wedyn yn gostwng ein lefel gofid yn gyflym (yn tawelu ein system fygythiad) ac rydyn ni'n teimlo'n ddiogel ac wedi ymlacio unwaith eto. Wrth i ni dyfu'n hŷn, rydyn ni'n dechrau dysgu ffyrdd o gysuro ein hunain, fel nad oes angen i ni ddibynnu ar eraill am y gefnogaeth honno bob amser (er bod cefnogaeth gan bobl eraill yn dal i fod yn bwysig, ac mae siarad â nhw neu gael cwtsh yn dal i weithio).

Er bod cysuro yn gallu bod yn strategaeth ddefnyddiol, mae'n bwysig gofalu nad yw'n dy rwystro di rhag gwneud pethau eraill (bydd angen i ti dy herio dy hun hefyd). Er enghraifft, fyddai hi ddim yn fuddiol i ti swatio yn y gwely yn bwyta siocled am wythnos gyfan er mwyn osgoi'r pethau sy'n sbarduno dy orbryder (er bod hyn yn beth braf i'w wneud!). Fodd bynnag, mae'n gallu bod yn ffordd fuddiol iawn o dawelu dy system fygythiad a delio â theimladau gorbryderus ar y pryd. Dydyn ni ddim yn gallu datrys unrhyw broblemau nes bod yr ymennydd meddwl yn ôl ar-lein. O ganlyniad, mae angen i ni gysuro'n hunain a theimlo'n dawel bron bob tro cyn i ni allu troi at ffyrdd eraill o reoli pryder neu sefyllfaoedd sy'n ysgogi gorbryder.

Bydd y bennod hon yn amlinellu sawl ffordd wahanol o leddfu dy system fygythiad: lleddfu gan ddefnyddio'r synhwyrau, ymlacio, ymarferion anadlu a delweddau. Bydd technegau gwahanol yn gweithio i bobl wahanol, felly rho gynnig ar rai o'r rhain i weld pa rai sy'n gweithio i ti (neu meddylia am rai dy hun!). Mae hefyd yn help i ti roi cynnig ar rai o'r rhain gyda rhywun arall – ffrind neu aelod o'r teulu efallai, yn enwedig rhywun sy'n gallu dy helpu i ddefnyddio'r strategaethau hyn pan fyddi di'n teimlo'n orbryderus. Mae cynnwys rhywun arall rwyt ti'n ymddiried ynddo yn gallu dy helpu i deimlo mwy o gysur ac yn fwy diogel fyth, ac mae'n bosib y bydd yntau'n mwynhau hefyd!

Dyma rai syniadau ar gyfer dy gysuro dy hun:

- Lapio dy hun mewn blanced gysurus, gynnes.

- Ymlacio mewn bath llawn swigod yng ngolau cannwyll.

- Dewis hoff ddiod boeth a'i yfed o fwg mawr (os wyt ti'n hoffi siocled poeth, beth am ychwanegu malws melys – *marshmallows*?).

- Gwrando ar gerddoriaeth neu synau sydd yn gwneud i ti ymlacio.

- Gwisgo gŵn llofft neu ddillad sy'n dy helpu i ymlacio (rhywbeth mawr a llac, er enghraifft).

- Swatio o dan y dillad gwely am ychydig.

Ar beth rwyt ti'n sylwi yn dy gorff pan wyt ti'n trio dy gysuro dy hun? Beth sy'n digwydd i dy feddyliau?

Mae'n bosib y byddi di'n sylwi ar y corff yn 'arafu' ac yn ymlacio, a dy feddyliau'n llonyddu.

Nesaf, rydyn ni am archwilio sut i dy gysuro dy hun gan ddefnyddio'r synhwyrau gwahanol.

Cysuro gan ddefnyddio'r synhwyrau

Pan wyt ti'n talu sylw i dy synhwyrau (ar y pryd – mae rhagor o wybodaeth am feddylgarwch ym Mhennod 6), yn hytrach nag i'r 'sŵn' yn dy ben, gall hynny dy helpu di i deimlo'n dawelach. Mae'r adran hon yn rhestru rhai syniadau ar gyfer defnyddio pob synnwyr i gysuro. Dewisa'r rhai sy'n gweithio orau i ti.

Synau

Mae rhai pobl yn hoffi gwrando ar synau cysurlon fel sŵn rhaeadr, nant yn llifo, tonnau'r môr yn chwalu, adar yn trydar, dail yn siffrwd, synau coedwig law neu sŵn glaw.

Mae rhai'n hoffi gwrando ar gerddoriaeth neu ganeuon hamddenol (gyda geiriau neu heb eiriau). Mae eraill yn hoffi gwrando ar gerddoriaeth hyfryd neu gysurlon; mae'n well gan eraill wedyn gerddoriaeth gyffrous neu hapus (un syniad fyddai creu rhestr chwarae o dy hoff draciau). Gallai gwrando yn feddylgar helpu hefyd (gweler Pennod 6). Fel arall, gallet ti ddewis defnyddio recordiadau sain o ymarferion meddylgarwch neu ymlacio.

Cyffyrddiad

Efallai y byddet ti'n hoffi cyffwrdd pethau sidanaidd a llyfn, neu bethau meddal a chysurus (fel gwlân), neu hyd yn oed bethau gyda gwead garw. Efallai fod gennyt ti sgarff, het neu fenig sy'n teimlo'n gysurlon wrth eu cyffwrdd y galli di eu gwisgo, neu fynd â nhw allan o'r tŷ gyda ti. Mae rhai pobl yn mwynhau swatio o dan flanced neu *duvet* trwm. Mae cael cwtsh gan rywun sy'n annwyl i ti yn gallu bod yn gysurlon, neu efallai fod gafael yn ei law yn ddigon i ti. Mae cofleidio tegan meddal neu obennydd hefyd yn ddewis.

Mae rhai pobl yn mwynhau'r teimlad o roi eli corff ar eu croen, sy'n gallu bod hyd yn oed yn fwy synhwyraidd os yw'n arogleuo'n hyfryd, neu socian eu traed. Fel arall, mae hylif sgwrio corff yn gallu bod yn fwy synhwyraidd i'r croen, a gall roi teimlad o binnau bach ar ôl gorffen (ond paid â sgwrio'n rhy galed!). Byddai'n syniad i ti weld a wyt ti'n teimlo'n fwy cysurlon pan wyt ti'n gynnes neu'n oer; mae pawb yn wahanol. Os wyt ti'n hoffi gwres, gallai gwisgo dillad cynnes neu sanau moethus, cael bath neu gawod, neu botel ddŵr poeth fod yn bleserus. Ond os yw'n well gennyt ti oerfel, efallai y byddi di'n mwynhau clwtyn oer ar dy wyneb, dal dy ddwylo o dan ddŵr oer neu yfed gwydraid oer o ddŵr neu ddiod a rhew ynddo. Weithiau, mae defnyddio eitemau oer yn gallu helpu i wrthweithio'r cynhesrwydd rwyt ti'n ei deimlo pan wyt ti'n orbryderus, dy galon yn rasio a'r cyhyrau'n dynn.

Weithiau, mae cael gwared ar rywfaint o dyndra yn dy gorff drwy ddefnyddio eitemau gwahanol yn gallu helpu. Er enghraifft, mae llawer o bobl yn defnyddio Play-Doh neu bwti gan ei wasgu, ei rolio'n beli neu ei daflu er mwyn llacio tyndra. Mae yna hefyd beli straen, peli ewyn, bagiau dyrnu, neu gallet ti wastad ddyrnu gobennydd.

Arogleuon

Beth yw dy hoff arogl? Ydy'r arogl yn dy helpu i deimlo'n dawel neu i ymlacio? Mae arogleuon yn sbarduno teimladau gwahanol mewn pobl, felly mae dod o hyd i'r rhai sy'n gwneud i ti deimlo'n gysurlon yn gallu bod yn ddefnyddiol. Mae rhai arogleuon cysurlon cyffredin yn cynnwys glaswellt newydd ei dorri, mintys poeth, lafant a phowdwr talc. Mae rhai'n hoffi arogl pobi neu hen lyfrau. Efallai fod gennyt ti hoff bersawr neu bersawr eillio, neu gannwyll bersawrus neu ddiaroglydd aer ar gyfer dy ystafell. Dewis arall fyddai defnyddio hufen corff persawrus, hylif bath swigod neu sebon cawod. Mae sawl ffordd o fynd ag arogleuon cysuro gyda ti i bob man gan gynnwys gwisgo persawr neu ei chwistrellu ar rywbeth rwyt ti'n ei gario gyda ti.

Golwg

Beth sy'n dy gysuro di wrth edrych arno? Efallai fod gwylio cannwyll yn dy gysuro, neu dreulio amser tu allan mewn cae neu'n agos at ddŵr (e.e. ar draeth) a gwylio'r tonnau'n chwalu ar y lan. Mae rhai pobl yn mwynhau gwylio cymylau yn hwylio heibio yn yr awyr. Efallai dy fod ti'n teimlo cysur o edrych ar flodau neu blanhigion. Os wyt ti, chwilia am ffyrdd o'u cael nhw o dy gwmpas. Mae pobl eraill yn hoffi pethau sy'n eu hatgoffa nhw o atgofion cadarnhaol a chysurlon, fel lluniau'r teulu, ffrindiau, anifeiliaid anwes, hoff dîm chwaraeon neu gerddor, neu adegau pan maen nhw wedi teimlo'n fodlon, fel gwyliau. Mae'n bosib bod gennyt ti bethau sy'n golygu rhywbeth i ti, fel darn penodol o emwaith neu oriawr, tystysgrif rwyt ti wedi ei hennill, llyfr gadael ysgol neu gerdyn gan rywun, neu anrheg arbennig. Mae llawer o bobl yn troi at ddyfyniadau arbennig, dywediadau cadarnhaol, mantras neu eiriau hoff ganeuon (mae enghreifftiau o osodiadau ymdopi cadarnhaol i'w gweld ym Mhennod 4) – efallai y byddi di am eu hysgrifennu ar ddarn o bapur, neu eu hargraffu, a'u cario gyda ti (neu eu cadw ar dy ffôn). Efallai fod gennyt ti hoff DVD neu lyfr sy'n gwneud i ti deimlo'n gysurlon neu sy'n gwella dy hwyliau.

Blasau a gweadau

Wrth feddwl am fwyd a diod, mae'r blas a'r gwead yn gallu cysuro. Mae chwaeth pobl yn amrywio'n fawr, felly mae'n fater unwaith eto o bwyso a mesur beth sy'n rhoi cysur i ti. Efallai dy fod ti'n mwynhau blas bwydydd fel siocled, ffrwythau, tost poeth neu'r cysur sy'n dod wrth yfed diod gynnes fel te neu goffi. Mae'n well gan rai pobl synwyriadau bwyd fel candi clecio neu losin sur, sy'n gallu helpu i hoelio dy sylw ar rywbeth heblaw dy feddyliau (mae'n anodd iawn canolbwyntio ar ddim byd arall pan fydd ffrwydradau bychan neu flas sur yn llenwi dy geg). Mae'n bosib bod rhai bwydydd yn dy atgoffa o adegau cysurlon, fel cawl cyw iâr (adegau pan mae rhywun wedi bod yn gofalu amdanat ti), tatws stwnsh hufennog neu hufen iâ. Neu fwydydd sy'n gwneud i ti deimlo'n hapus pan fyddi di yn eu bwyta – dywedodd rhywun wrth Sue un tro, waeth pa mor wael roedd yn teimlo, roedd yn methu peidio â gwenu wrth fwyta jeli. Pan wyt ti'n teimlo'n wael neu'n orbryderus, mae'n gallu bod yn anodd cael y nerth i fynd allan i'r siop i brynu'r pethau hyn, felly gallai fod yn fuddiol i ti wneud yn siŵr bod gennyt ti fwydydd cysurlon yn y tŷ. Er enghraifft, pecyn o dy hoff ddiod boeth neu ddanteithion arbennig (e.e. bar bach o siocled) gerllaw.

Beth bynnag sy'n rhoi cysur i ti, y peth pwysig yw ei fod ar gael yn hawdd ar adegau pan fyddi di'n teimlo'n orbryderus. Efallai y byddi di'n dewis cael blanced gyfforddus yn dy ystafell, cyflenwad o siocled poeth arbennig ar gyfer yr adegau hynny pan wyt ti'n teimlo'n orbryderus neu restr chwarae o gerddoriaeth gysurlon ar dy ffôn – beth bynnag sy'n gweithio i ti.

Mae creu bocs hunangysuro yn ffordd arall o ofalu bod eitemau cysuro wrth law ...

Creu bocs hunangysuro

Mae bocs hunangysuro yn beth personol iawn, yn unigryw i ti, felly awgrymiadau yn unig yw'r syniadau sydd yma. Dydy rhai pobl ddim yn hoffi'r term hunangysuro. Mae'n well ganddyn nhw'r geiriau 'bocs hapus' neu 'bocs hunanofal'.

Bydd angen y canlynol arnat ti:

- bocs esgidiau neu focs deniadol

- paent/papur/glud/papur crefft i addurno'r bocs (unrhyw beth sydd at dy ddant)

- eitemau synhwyraidd sy'n rhoi cysur i ti

- rhai o dy hoff bethau sy'n dy gysuro di.

Y cyfan mae'n rhaid i ti ei wneud yw addurno'r bocs fel rwyt ti eisiau (neu ei ddylunio mewn ffordd sy'n arbennig o apelgar i ti) a'i ddefnyddio i gasglu a chadw pethau i dy gysuro di. Rho'r bocs yn rhywle hawdd cael gafael arno, fel y galli di ei agor a defnyddio'r pethau sydd ynddo pan fyddi di'n teimlo'n orbryderus.

Efallai y byddi di eisiau ysgrifennu nodiadau i ti dy hun, er mwyn i ti eu darllen pan fyddi di'n teimlo'n orbryderus. Mae'n bosib y byddi di eisiau cynnwys lluniau neu atgofion braf. Rho unrhyw beth yn y bocs sy'n mynd i dy helpu di i deimlo'n gysurlon.

Profiad personol – Phoebe

Mae fy mocs hunangysuro yn cynnwys:

☆ fy ngharreg meddylgarwch

☆ fy llyfr 'rhesymau dros wella'

☆ llyfr o atgofion da gan ffrind i fi

☆ tedi (Eeyore) ges i ar daith i Disneyland – mae'n fy atgoffa o bethau da o'r gorffennol

☆ Play-Doh i chwarae ag o (ac i'w daflu at waliau pan dwi'n teimlo'n rhwystredig)

☆ pethau ar gyfer gofalu amdana i fy hun – eli dwylo a masg wyneb

☆ llyfr nodiadau bach i gadw cofnod o sut hwyl sy arna i

☆ atgofion o bethau dwi eisiau eu gwneud a llefydd dwi eisiau mynd iddyn nhw (Paris a Japan)

☆ darn o origami gan ffrind i fi

☆ llyfr chwileiriau

☆ llyfr doniol am Amser Antur sydd wastad yn codi fy nghalon!

Ymlacio ac anadlu

Pan wyt ti'n dechrau teimlo'n orbryderus, mae'r corff yn deffro ac yn mynd yn llawn tensiwn, a'r anadlu'n cyflymu. Mae hyn, yn ei dro, yn arwain at y corff yn cyflymu, ac mae hynny'n gallu ymestyn y teimlad o orbryder ac arwain at feddyliau gorbryderus pellach. Un ffordd o fynd i'r afael â hyn a thorri'r cylch yw dysgu sut i ymlacio'r corff a'r meddwl ac arafu'r anadlu. Bydd yr ymarferion canlynol yn canolbwyntio ar lacio'r cyhyrau ac arafu'r anadlu.

Ymlacio'r corff – llacio'r cyhyrau

Yn ystod yr ymarfer hwn, rydyn ni'n mynd i dynhau pob cyfres o gyhyrau yn eu tro, yna eu llacio. Nod hyn yw rhyddhau unrhyw dyndra, a chreu ymdeimlad dwysach o ymlacio.

Ymarfer 1: Ymlacio'r cyhyrau

1. Gorwedda ar dy gefn, mor wastad ag y galli di, gyda dy freichiau wrth dy ochr. Tynha gyhyrau'r wyneb, i grebachu dy wyneb, gan gyfri i chwech. Wrth i ti anadlu allan, llacia dy afael ar unrhyw dyndra ac ymlacia.

2. Tynha'r cyhyrau yn dy ysgwyddau, a'u codi at dy glustiau, gan gyfri i chwech. Wrth i ti anadlu allan, llacia dy afael ar unrhyw dyndra ac ymlacia.

3. Tynha gyhyrau'r breichiau, a chau dy ddwylo'n ddyrnau, gan gyfri i chwech. Wrth i ti anadlu allan, ymlacia.

4. Tynha gyhyrau'r cefn, gan ostwng dy ysgwyddau, gan gyfri i chwech. Wrth i ti anadlu allan, ymlacia.

5. Tynha gyhyrau'r stumog, gan gyfri i chwech. Wrth i ti anadlu allan, ymlacia.

6. Tynha gyhyrau'r pen-ôl, gan gyfri i chwech. Wrth i ti anadlu allan, ymlacia.

7. Tynha gyhyrau rhan uchaf y coesau, y cluniau a'r pengliniau, gan gyfri i chwech. Wrth i ti anadlu allan, ymlacia.

8. Tynha gyhyrau rhan isaf y coesau, croth y goes a'r ffêr, gan gyfri i chwech. Wrth i ti anadlu allan, ymlacia.

9. Tynha'r cyhyrau yn dy draed, ac estyn bysedd dy draed am i fyny, gan gyfri i chwech. Wrth i ti anadlu allan, ymlacia.

Ymlacio'r anadlu – ei arafu'n ofalus

Ar gyfartaledd, bydd person ifanc sydd wedi ymlacio yn anadlu tua 15–20 gwaith y funud, ac oedolyn sydd wedi ymlacio, tua 12–20 gwaith y funud. Fodd bynnag, efallai y bydd person sy'n teimlo'n orbryderus yn anadlu llawer iawn mwy o weithiau bob munud, ac yn anadlu'n ddyfnach hefyd. Mae hyn yn golygu bod mwy o ocsigen yn rhuthro i'r ymennydd, ac mae hynny'n gallu gwneud i rywun deimlo'n benysgafn ac yn agos at lewygu.

Cyfra faint o weithiau rwyt ti'n anadlu mewn munud pan wyt ti wedi ymlacio, a phan fyddi di'n teimlo'n orbryderus, a sylwa ar y gwahaniaeth.

Fy nghyfradd anadlu pan dwi wedi ymlacio:

Fy nghyfradd anadlu pan dwi'n orbryderus:

Un ffordd o'n helpu i deimlo'n dawelach felly yw anadlu'n arafach, gan adfer patrwm anadlu mwy arferol. Rho gynnig ar yr ymarfer isod, sy'n gallu helpu i ganolbwyntio ar yr anadlu a dechrau ei arafu'n raddol (mae ymarfer anadlu meddylgarwch ar gael ym Mhennod 6 hefyd).

Ymarfer 2: Anadlu

1. Eistedda neu gorwedda'n gyfforddus.

2. Caea dy lygaid os galli di, neu hoelia dy sylw yn ysgafn ar ran benodol o'r ystafell.

3. Rho un llaw neu ddwy ar dy stumog (os wyt ti'n defnyddio'r ddwy law, pletha dy fysedd).

4. Anadla i mewn yn araf, a sylwa ar dy stumog a dy law yn codi wrth i ti anadlu. Yna anadla allan yn araf, eto gan sylwi ar dy law yn gostwng wrth i dy stumog ostwng.

5. Sylwa ar gyflymder dy anadlu, dy stumog yn codi a gostwng. Arafa dy anadlu gan bwyll, gan arafu a dyfnhau, nes iddo deimlo'n gysurlon.

   Mae patrwm anadlu sy'n teimlo'n gysurlon ychydig yn wahanol i bawb, felly arbrofa gyda dy un di nes y byddi di wedi dod o hyd i un sy'n dy helpu i deimlo'n hamddenol a chyfforddus.

Ymlacio a chysuro'r meddwl: delweddau

Mae delweddau yn gallu bod yn bwerus iawn wrth helpu i dawelu'r rhannau hynny o'n hymennydd sy'n rhan o'r system fygythiad. Mae sawl math o ddelweddu yn bosib, ond dyma ddau ymarfer i ti roi cynnig arnyn nhw.

Wrth wneud yr ymarferion isod, chwilia am rywle i eistedd neu orwedd lle nad oes neb na dim yn debygol o darfu arnat ti. Mwya'n byd y byddi di'n ymarfer bod yn dawel, hawsa'n byd fydd hi i ti ddefnyddio'r ymarferion hyn pan fyddi di'n dechrau cael trafferth. Gallai cael help yr un rwyt ti'n ymddiried ynddo fod yn ddefnyddiol – rhywun i dy helpu i wneud yr ymarferion, i ddarllen y sgriptiau i ti efallai, neu i dy helpu i ddatblygu'r delweddau rwyt ti'n eu creu.

Yn ogystal, mae'n bosib na fydd y ddelwedd yn ymddangos i ti ar unwaith, neu gallai fynd a dod, neu newid gydag amser. Does dim byd o'i le ar hynny ... weithiau, cei di liw neu siâp neu sain a gallai hynny fod yn ddigon. Mae'n fater o alw i gof beth bynnag sydd yn dy gysuro di.

Lle diogel

Pan fyddi di'n teimlo'n orbryderus, mae gadael i dy feddwl grwydro i le tawelach a mwy heddychlon yn gallu bod yn braf weithiau. Yn aml, mae pobl yn dewis dychmygu traeth neu gae, neu arnofio yn y môr. Fodd bynnag, mae'n bwysig dod o hyd i rywle sy'n teimlo'n dawel i ti, rhywle lle rwyt ti'n gallu ymlacio.

Yn yr ymarfer delweddu hwn, gad i le diogel ddod i'r golwg gan bwyll yn dy feddwl, a gweld beth sy'n ymddangos.

Ymarfer 3: Lle diogel

1. Caea dy lygaid ac ymlacia. Gad i dy anadlu arafu i gyflymder cyffordddus, ag unrhyw dyndra yn llifo allan o dy gorff wrth i ti anadlu allan. Pan fyddi di'n barod, cama ymlaen yn dy feddwl, a cherdda'n araf i dy le diogel.

2. Dychmyga le sy'n teimlo'n ddiogel a chysurlon i ti. Rhywle rwyt ti'n ei gofio, efallai, neu rywle hollol ddychmygol. Gad i deimladau o ddiogelwch a llonyddwch lifo o dy gwmpas. Dychmyga dy hun yn teimlo'n dawel, hamddenol, diogel a chysurlon yn y lle hwn.

3. Edrycha o dy gwmpas – sut olwg sydd ar dy le diogel? Pa fath o liwiau, siapiau, gweadau sydd yno?

   Pa arogleuon rwyt ti'n sylwi arnyn nhw? Gwair newydd ei dorri? Pobi? Arogl hallt y môr?

   Beth rwyt ti'n ei deimlo? Y tir caled o dan draed? Y tywod rhwng bysedd dy draed? Yr haul ar dy wyneb?

   Efallai dy fod ti'n cael dy ddenu at gae â glaswellt hir a'r haul ar dy wyneb ac awyr las lachar. Neu efallai dy fod mewn cuddfan sy'n llawn clustogau a dillad gwely cynnes. Neu efallai yn arnofio ar dy gefn yn y môr. Neu'r tu allan mewn golygfa aeafol hardd. Neu'n gynnes o flaen tanllwyth o dân, â chi blewog wrth dy draed ac arogl bisgedi yn pobi.

4. Gad i'r golygfeydd hyn fynd a dod yn naturiol yn dy feddwl, ond dalia dy afael yn y teimlad o ddiogelwch a llonyddwch.

5. Pan fyddi di'n barod, gad i dy hun gerdded yn araf allan o'r lle diogel ac yn ôl i'r ystafell. Beth am wiglo bysedd dy draed er mwyn dychwelyd yn raddol?

A thithau nawr wedi dechrau darganfod sut olwg sydd ar dy le diogel di, gall ymarfer hynny a'i ddatblygu dy helpu. Efallai yr hoffet ti feddwl am y cwestiynau yn rhif 3 a dechrau ysgrifennu disgrifiad o'r hyn a allai dy helpu di i deimlo'n ddiogel a chysurlon. Neu mae'n bosib yr hoffet ti dynnu lluniau neu chwilio am ffotograffau ar-lein.

Profiad personol – Sue

Traeth yng Nghymru yw fy nelwedd i o le diogel – dydy o ddim yn union yr un peth â'r traeth go iawn, ond mae'n ddigon tebyg. Dwi wrth fy modd gyda'i natur heddychlon a thawel, ac mae'n eithaf unig a phell o bob man. Ond fy hoff beth, yn sicr, yw cerdded ar hyd y tywod a phadlo yn y môr, yn gwrando ar y tonnau'n torri ar y lan. Pryd bynnag y bydda i'n mynd i'r traeth (yr un go iawn a'r un yn fy nychymyg), mae'n fy helpu i ymdawelu a theimlo'n rhydd, a bydd fy meddwl yn gwbl glir. Dwi hefyd wedi recordio sŵn y tonnau o'r traeth ar fy ffôn er mwyn fy helpu i ddod o hyd i fy lle diogel pan dwi'n ei chael hi'n anodd.

Cysurwr arall

Mae'r ail ymarfer delweddu yn canolbwyntio ar greu ffurf 'arall' sy'n gysurlon a thosturiol – gall fod yn berson, yn anifail neu'n wrthrych. Y peth pwysig yw bod yr 'arall' yma eisiau cynnig cefnogaeth, cysur a charedigrwydd i ti. Unwaith eto, mae'r 'arall' yma yn gallu newid gydag amser, a does dim byd o'i le ar hynny. Mae'r ddelweddaeth yn gallu bod yn ddefnyddiol wrth herio meddyliau anodd (mae rhagor am hyn ym Mhennod 4), gan adael i ti ddychmygu beth byddai dy gysurwr arall yn ei ddweud er mwyn dy helpu i ddod o hyd i feddwl arall sydd yn dy helpu.

Ymarfer 4: Cysurwr arall

1. Caea dy lygaid ac ymlacia. Gad i dy anadlu arafu i gyflymder cyfforddus, gydag unrhyw dyndra yn llifo allan o dy gorff wrth i ti anadlu allan.

2. Pan fyddi di'n barod, dychmyga rywbeth cysurlon yn symud tuag atat ti. Dychmyga ei fod yn gwybod am y boen rwyt ti'n ei theimlo a'i fod yn deall yn iawn. Teimla ei fod eisiau dy helpu di i ymdawelu a theimlo'n gysurlon. Gad i'w ffurf ymddangos wrth iddo ddechrau agosáu.

   Sut olwg sydd ar dy gysurwr arall di? Yn dal neu'n fach? Gwrywaidd neu fenywaidd? Hen neu ifanc? Person, anifail neu wrthrych? Blewog neu esmwyth? Sut mae'n agosáu? Cerdded neu sgipio?

3. Sut mae'n trio dy gysuro di? Ydy o'n edrych i dy lygaid? Yn rhoi cwtsh i ti? Yn gafael yn dy ddwylo?

   Ydy o'n siarad â ti? Sut lais sydd ganddo? Garw neu lyfn? Uchel neu dawel? Beth mae'n ei ddweud i dy helpu di i deimlo'n gysurlon?

   Gad i'r golygfeydd hyn fynd a dod yn naturiol yn dy feddwl, ond dalia dy afael yn y teimlad o ddiogelwch a llonyddwch.

4. Pan fyddi di'n barod, gad i dy hun ddychwelyd i'r ystafell. Efallai dy fod ti am siglo bysedd dy draed er mwyn dychwelyd yn raddol.

Wedi cael cysur llwyr

Gyda'r bennod hon, mae'n gallu bod yn fuddiol rhoi cynnig ar y strategaethau gwahanol a'u hymarfer pan fyddi di'n teimlo'n dawelach. Gallai fod yn help i ti eu hymarfer nhw gyda rhywun agos i ti, fel rhiant neu ffrind. Dysga pa rai sy'n gweithio i ti ac ystyria pryd byddai'n addas i ti eu defnyddio nhw. Bydd y strategaethau hyn hefyd yn ddefnyddiol wrth i ti lunio dy Gynllun Goroesi Gorbryder (Pennod 13).

Noson dda o gwsg

Mae cwsg mor, mor bwysig i dy iechyd meddwl. Os wyt ti'n cael trafferth cysgu, mae'n gallu cynyddu gorbryder a phryder, achosi i ti deimlo'n bigog neu'n anniddig, neu arafu dy brosesau meddwl. Pan mae pobl yn teimlo'n orbryderus neu'n pryderu am rywbeth, rydyn ni hefyd yn gwybod bod hynny yn gallu eu rhwystro rhag cysgu'n iawn. Mae'n gylch diddiwedd, felly mae cyngor ar sut i gael noson dda o gwsg yn y bennod hon, ac ar sut i ymdopi â meddyliau gorbryderus yn hwyr yn y dydd.

Pam mae cwsg mor bwysig?

Er bod cwsg fel petai'n adeg pan mae'r corff yn ymlacio ac yn arafu, neu hyd yn oed yn diffodd, dydy hynny'n bendant ddim yn wir. Pan mae'n cysgu, mae dy gorff yn weithgar iawn, ac yn mynd trwy brosesau sy'n hanfodol er mwyn i'r corff a'r meddwl weithredu'n iawn. Mae llawer o brosesau corfforol yn digwydd pan fyddwn ni'n cysgu. Mae'r cyhyrau'n gwella ar ôl eu defnyddio yn ystod y dydd ac mae'r corff yn cynhyrchu rhai hormonau pwysig (fel yr hormon twf). Felly mae cwsg yn ein helpu ni i dyfu hyd yn oed! Mae hefyd yn ein helpu i brosesu emosiynau'r diwrnod, felly mae diffyg cwsg yn gallu arwain at les seicolegol gwael. Mae'n bosib y byddwn ni hefyd yn sylwi ar ein hunain yn teimlo'n orbryderus neu'n benysgafn. Mae fel petai'r ymennydd yn gwybod ein bod ni'n dioddef o ddiffyg egni, felly mae'n sbarduno rhuthr o emosiynau fel y gallwn ni ymdopi â'n bywyd bob dydd.

Mae cwsg hefyd yn ein helpu i ymdopi'n feddyliol – hebddo, rydyn ni'n cael trafferth canolbwyntio yn ystod y dydd, rydyn ni'n anghofio pethau, yn teimlo'n ffwndrus neu hyd yn oed yn ddryslyd. Mae ymchwil wedi awgrymu bod y broses o gysgu yn hanfodol er mwyn i'n hymennydd ailosod ei hun yn naturiol, sydd yn ein helpu i gofio pethau a dysgu. Heb noson dda o gwsg, mae trafferthion corfforol, emosiynol a meddyliol yn bosib.

Faint o gwsg sy'n iach?

Mae faint o gwsg sy'n angenrheidiol ar gyfer bywyd iach yn newid wrth i ti fynd yn hŷn. Mae anghenion cwsg pawb ychydig bach yn wahanol hefyd – rhai'n cysgu am amser hirach a rhai'n cysgu llai. Fodd bynnag, dyma'r 'gofynion cwsg' ar gyfartaledd:

- 5 i 13 oed – tua 9–11 awr y nos

- 13 i 18 oed – tua 8–10 awr y nos

- 18 oed a hŷn – tua 7–9 awr y nos, ond mae hyn yn lleihau ychydig wrth i bobl heneiddio.

Dy batrymau cysgu

Yn gyntaf, mae angen ystyried dy gwsg a lle y gallet ti gael anhawster. Os wyt ti'n deall mwy am dy batrymau cysgu dy hun, ei ansawdd yn ogystal â faint o gwsg rwyt ti'n ei gael, gallai hynny dy helpu i feddwl beth allai ei wella. Hefyd, gallai dangos dy atebion i rywun sy'n agos atat ti fod yn ddefnyddiol – efallai y bydd yn gallu gweld ble rwyt ti'n cael anhawster.

Y rhan fwyaf o nosweithiau ...

Faint o'r gloch rwyt ti'n dechrau paratoi i fynd i'r gwely (e.e. gwisgo dillad nos, brwsio dy ddannedd)?

Beth rwyt ti'n ei wneud rhwng dechrau paratoi a chysgu (e.e. edrych ar dy ffôn, gwylio'r teledu)?

Faint o'r gloch rwyt ti'n mynd i'r gwely fel arfer?

Faint o amser sy'n pasio cyn i ti fynd i gysgu, fel arfer?

Sawl gwaith rwyt ti'n deffro yn ystod y nos?

Am faint o amser rwyt ti'n effro fel arfer?

Faint o gwsg rwyt ti'n ei gael, i gyd, ar noson arferol?

Sawl noson o'r wythnos mae'n anodd i ti gysgu?

Sut byddet ti'n disgrifio dy gwsg?

Wyt ti'n teimlo'n well ar ôl noson o gwsg neu'n dal i fod yn flinedig?

Yn ystod y dydd ...

Wyt ti'n dal i fod wedi blino?

Wyt ti'n cael anhawster canolbwyntio?

Wyt ti'n teimlo'n oriog?

Beth yw effaith dy batrymau cysgu ar dy fywyd?

Beth fyddai'n well petaet ti'n gallu cysgu mwy?

Beth rwyt ti eisoes wedi ei drio i gael noson well o gwsg?

Beth sy'n ei gwneud hi'n anoddach i ti gysgu?

Mae siart cysgu ar ddiwedd y bennod hon. Bydd cwblhau'r siart hon bob dydd am wythnos yn dy helpu i allu cadw golwg ar dy batrymau cysgu a'u deall yn well.

Gorbryder a chwsg

Rydyn ni'n gwybod bod gorbryder yn gallu cael effaith fawr ar gwsg, ac mae cwsg hefyd yn gallu cael effaith fawr ar orbryder, fel rydyn ni wedi ei drafod yn barod yn y bennod. Ond mae pobl weithiau'n orbryderus am gwsg ei hun, gan bryderu na fyddan nhw byth yn mynd i gysgu, pryderu am dreulio'r nos yn effro (eto!), neu'n pryderu am effaith colli cwsg. Mae teimlo mor orbryderus â hyn, yn hytrach nag ymlacio, yn gallu tarfu ar drefn amser mynd i'r gwely a gwneud mynd i gysgu yn anoddach o lawer yn y lle cyntaf. Felly mae rhan nesaf y bennod yn canolbwyntio ar ffyrdd o ymlacio tua amser gwely, sefydlu trefn a delio ag unrhyw feddyliau gorbryderus sy'n dod i'r amlwg.

Chwe ffordd o gael noson dda o gwsg

Mae'r adran hon yn amlinellu chwe ffordd wahanol i wella dy batrymau cysgu, gan gynnwys meddwl am sut i wella dy drefn amser gwely, ble rwyt ti'n cysgu, helpu dy gorff a dy feddwl i ymlacio, osgoi pethau sy'n debygol o dy gadw'n effro, cael gwared cystal ag y medri di ar bethau sy'n tynnu dy sylw, a delio â meddyliau gorbryderus. Tria rai o'r rhain i weld pa rai sy'n gweithio i ti. Os wyt ti eisiau cadw golwg ar eu heffaith, defnyddia'r siart cwsg ar ddiwedd y bennod hon.

1. Gwna dy ystafell wely yn hafan cwsg

Mae'r man lle rwyt ti'n cysgu yn gallu cael effaith enfawr ar dy allu i gysgu ac ar ansawdd dy gwsg. Mae rhai pobl yn gallu cysgu fwy neu lai yn unrhyw le – ar drên swnllyd, er enghraifft. Ond bydd eraill yn cael mwy o anhawster o lawer a bydd angen lle arnyn nhw i ymlacio'r corff mewn man cyffordddus, gydag ychydig iawn o bethau i dynnu eu sylw a sbarduno eu synhwyrau (fel sŵn neu olau).

Er mwyn dy helpu i deimlo'n gyfforddus, byddai'n werth i ti drio sicrhau'r tymheredd cywir, fel nad wyt ti'n rhy boeth nac yn rhy oer. Ar y cyfan, y dewis gorau yw ystafell oerach gyda digon o flancedi i gadw rhywun yn gynnes. Mae ystafell sydd naill ai'n rhy boeth neu rhy oer yn gallu gwneud i ni deimlo'n aflonydd wrth gysgu ac felly byddwn yn deffro'n amlach. Mae agor y ffenest am ychydig cyn mynd i gysgu yn helpu cylchrediad yr aer yn yr ystafell ac yn gwneud i'r ystafell deimlo'n llai clòs.

Mae lleihau'r golau a'r synau yn yr ystafell yn helpu hefyd. Mae rhai pobl yn hoffi gwneud eu hystafell mor dawel â phosib (e.e. cau'r drws, cael gwared ar unrhyw eitemau swnllyd) neu hyd yn oed wisgo plygiau clust i atal synau a allai amharu ar eu cwsg. Mae eraill yn hoffi ymlacio drwy wrando ar gerddoriaeth neu synau wrth iddyn nhw ddisgyn i gysgu. Mae'n syniad da i ti hefyd wneud dy ystafell mor dywyll â phosib (i lefel sy'n gyfforddus i ti) fel na fydd yn dy gadw di yn effro. Mae gormod o olau yn yr ystafell yn gallu ei gwneud hi'n anodd cysgu. Gallet ti hefyd ddefnyddio mwgwd cwsg neu lenni tywyllu i gadw'r golau allan.

2. Sefydlu trefn dda

Un o'r ffyrdd gorau o hyfforddi dy gorff i gysgu'n dda yw sefydlu trefn gyson a mynd i'r gwely a chodi fwy neu lai yr un amser bob dydd. Mae dy gorff yn dod i arfer â'r patrwm, felly mae'n barod am gwsg pan fyddi di'n mynd i'r gwely. Er bod temtasiwn wirioneddol i hepian yn ystod y dydd, yn enwedig os nad wyt ti wedi cysgu llawer y noson cynt, mae'n well peidio. Os wyt ti'n hepian yn ystod y dydd, mae hyn yn gallu amharu ar dy batrymau cysgu yn y nos – dwyt ti ddim yn gysglyd neu'n flinedig, neu dwyt ti ddim eisiau mynd i'r gwely. Hyd yn oed os wyt ti'n cael noson wael iawn o gwsg ac yn hynod flinedig, mae'n bwysig dy fod ti'n gwneud dy orau i ddal i wneud y gweithgareddau roeddet ti wedi bwriadu'u gwneud yn ystod y dydd.

Mae hefyd yn well i ti gysgu pan fyddi di'n flinedig neu'n gysglyd, yn hytrach na threulio gormod o amser yn effro yn y gwely. Os wyt ti wedi methu mynd i gysgu ar ôl tua 20 munud neu fwy, coda o'r gwely a gwna rywbeth diflas neu rywbeth i dy dawelu nes y byddi di'n gysglyd, yna yn ôl â ti i'r gwely a rho gynnig arall arni (ond os nad wyt ti wedi cysgu ar ôl tua 20 munud, yna coda eto a dilyn yr un camau ... etc).

Galli di hefyd ddatblygu dy ddefodau cysgu dy hun i drio atgoffa dy gorff ei bod hi'n bryd cysgu. Mae gwneud ymarferion ymestyn y corff neu ymarferion anadlu yn gweithio i rai, neu gael paned o de heb gaffein cyn mynd i'r gwely.

3. Pethau i'w hosgoi

Pan fyddi di'n trio ymlacio'r corff a'r meddwl, wrth baratoi i gysgu, rwyt ti'n trio arafu'r meddwl a'r ymatebion corfforol. Ond bydd rhai cemegion sy'n cael eu cyflwyno i'r corff yn gwrthweithio hynny ac yn ein gwneud ni'n effro, yn wyliadwrus ac yn orfywiog. Mae'r rhain yn cynnwys caffein, sigaréts ac alcohol. Felly mae'n well osgoi'r rhain am bedair awr, o leiaf (os nad mwy) cyn mynd i'r gwely. Dylet ti hefyd osgoi diodydd egni os yw'n bosib. Er eu bod nhw'n gallu gwneud i ti deimlo'n llai blinedig pan wyt ti'n eu hyfed, maen nhw hefyd yn gallu achosi i ti fethu cysgu yn ddiweddarach. Os wyt ti'n gwneud ymarfer corff gyda'r nos, mae'n well gwneud hyn mor gynnar â phosib fel bod gennyt ti amser i dawelu ar ôl hynny ac ymlacio'r meddwl a'r corff cyn mynd i'r gwely. Mae rhai pobl wir yn mwynhau cael swper bach cyn mynd i'r gwely (mmm, tost!) ac mae hyn, fel mae'n digwydd, yn gallu helpu i hybu cwsg. Ond fel arfer, y dewis gorau yw peidio â chael pryd trwm yn hwyr y nos, felly mae byrbrydau yn well.

4. Lleihau'r pethau sy'n tynnu sylw

I ymlacio'r meddwl, mae'n werth trio cau allan yr holl bethau sy'n tynnu ein sylw a gofynion bywyd o ddydd i ddydd. Gallwn hyfforddi ein meddyliau i baratoi ar gyfer cwsg drwy ddilyn trefn gwsg dda (mae'r manylion yn (2) 'Sefydlu trefn dda'), ond mae hynny'n gallu bod yn anodd weithiau pan fydd pethau eraill yn mynnu ein sylw. Os yw hi'n bosib, tria beidio â defnyddio dy wely ar gyfer dim byd heblaw cysgu, fel bod dy gorff yn dechrau cysylltu dy wely â chwsg. Os wyt ti'n defnyddio dy wely fel lle i wylio'r teledu, bwyta neu weithio ar dy liniadur, bydd dy gorff ddim yn dysgu'r cysylltiad gwely-cysgu.

Un o'r pethau hynny sy'n atal y rhan fwyaf o bobl (ni yn eu plith) rhag cysgu yw edrych ar ein ffonau. Mae'n gallu bod yn gymaint o demtasiwn i wneud dim byd ond gweld rhywbeth ar y we, neu edrych pam mae wedi gwneud sŵn, ond bydd hyn yn sbarduno dy feddwl i symud ar unwaith o'r drefn cysgu ac yn ôl i fywyd pob dydd. Yn waeth na hyn hyd yn oed, mae ymchwil ddiweddar wedi dweud bod treulio mwy o amser yn edrych ar sgriniau dyfeisiau (fel dy ffôn) yn gallu arwain at ddarfu ar gwsg, gan gynnwys cwsg o ansawdd salach a chymryd mwy o amser i fynd i gysgu. Mae rheswm biolegol am hyn, oherwydd bod golau glas yn dod o dy ffôn (a dyfeisiau eraill) sy'n atal rhyddhau hormon cwsg o'r enw melatonin. Mae lefel yr hormon hwn fel arfer yn cynyddu ychydig oriau cyn cysgu, ac mae'n ymddwyn fel arwydd i'r corff i baratoi ar gyfer cwsg. Pan nad yw'r hormon hwn yn cael ei ryddhau felly, mae cysgu yn anoddach o lawer. Yn ogystal, mae'r goleuadau y tu ôl i sgriniau dyfeisiau yn gallu achosi i'r ymennydd fod yn fwy effro (maen nhw'n twyllo'r ymennydd i feddwl ei bod yn olau dydd), gan ein hatal rhag cysgu fwy fyth. Er bod llawer ohonon ni'n gafael yn ein ffonau yn y pen draw ac yn edrych drwy ein cyfrifon cyfryngau cymdeithasol, mae hyn yn debygol o oedi ein trefn cysgu a tharfu arni. Bydd yn cadw ein meddyliau'n brysur ac yn fywiog ac o bosib yn sbarduno sgwrs neu bryder. O ganlyniad, mae fel arfer yn well i ni gadw ein ffonau i ffwrdd o'n gwelyau (a'u cadw'n ddistaw) fel nad ydyn nhw'n tynnu ein sylw ni. Mae hefyd yn syniad da i ni beidio â defnyddio unrhyw ddyfais gyda sgrin am awr neu ddwy cyn amser gwely.

Mae pobl yn sôn yn aml hefyd fod cadw llygad ar faint o'r gloch yw hi yn tynnu eu sylw'n fawr. Pan fyddi di'n cael trafferth cysgu, mae'n hawdd dal ati i edrych pa mor hir sydd ers i ti edrych ddiwethaf, a faint o amser sydd i fynd tan y bore. Fodd bynnag, mae edrych ar yr amser yn aml yn ystod y nos yn debygol o atgyfnerthu meddyliau negyddol fel "Mae hi mor hwyr, dydw i ddim yn gallu cysgu" neu "Dim ond am bedair awr dwi wedi cysgu". Mae'r meddyliau hyn wedyn yn gallu arwain at ragor o orbryder a rhwystredigaeth, gan ei gwneud hi'n llai tebygol y byddi di'n cysgu. Mae'n gallu cael effaith waeth fyth os wyt ti'n edrych ar yr amser ar dy ffôn (cofia'r wybodaeth uchod am sgriniau dyfeisiau). Felly tria edrych ar yr amser yn llai aml, a dim ond pan fydd gwir angen gwneud hynny.

Profiad personol – Scott

Roeddwn i'n arfer edrych ar fy ffôn yn y nos byth a hefyd, ac yn dal ati i edrych arno pan oeddwn i'n cael llond bol ar drio cysgu. Erbyn hyn, dwi'n diffodd y Wi-Fi ac yn cadw fy ffôn ochr arall yr ystafell. Mae hyn yn gofyn am dipyn mwy o ymdrech i groesi'r ystafell er mwyn edrych arno, felly dydw i ddim yn trafferthu! Dwi wedi bod yn cysgu ychydig yn well ers hynny.

5. Delio â meddyliau gorbryderus

Mae pryderon a meddyliau gorbryderus weithiau yn gallu ein rhwystro ni rhag mynd i gysgu. Efallai fod llwyth o feddyliau'n rasio o gwmpas yn ein pen, neu un neu ddau o feddyliau sydd wedi bwrw gwreiddiau. Rydyn ni wedi gweld ym Mhennod 3 bod y meddyliau hyn hefyd yn gallu effeithio ar ymatebion y corff, gan wneud i ni deimlo'n orbryderus ac yn llawn tyndra yn gorfforol, a hynny wedyn yn effeithio ymhellach ar ein gallu i ymlacio a chysgu. Felly, yn ogystal ag ymlacio'r corff, mae'n ddefnyddiol i ni ddod o hyd i ffordd o dawelu'r meddwl. Fel arfer, pan fyddi di'n trio cysgu, mae'n well peidio â rhoi cynnig ar herio meddyliau'n llawn (fel sy'n cael ei ddisgrifio ym Mhennod 4) gan fod hyn yn gallu gwneud dy feddwl yn fwy effro fyth. Ond mae'n bosib y gallet ti ddefnyddio rhai geiriau neu osodiadau tawel i ostwng dy lefelau gorbryder yn dyner. Er enghraifft, galli di ddweud wrthot ti dy hun, "Mae popeth yn iawn nawr, galla i gael trefn ar hyn yn y bore", neu ganolbwyntio ar y geiriau 'ymlacio' neu 'tawel'. Gallai ymarferion meddylgarwch (Pennod 6) hefyd dy helpu i dawelu dy feddyliau cyn cysgu, fel canolbwyntio ar anadlu, cael cawod neu frwsio dy ddannedd yn feddylgar (gan adael i dy feddyliau fynd a dod mewn ffordd anfeirniadol). Gallai dychmygu dy le diogel (Pennod 7) neu gysurwr arall (Pennod 7) hefyd dy helpu i leddfu dy feddwl a thawelu dy feddyliau, gan roi rhywbeth mwy penodol iddyn nhw ganolbwyntio arno.

Os oes llawer o feddyliau neu bryderon yn chwyrlïo yn dy ben pan fyddi di'n trio cysgu, neu os wyt ti'n deffro gyda phryder penodol yn dy ben, efallai y byddai'n ddefnyddiol i ti eu hysgrifennu nhw ar bapur a'u rhoi o'r neilltu pan fyddan nhw'n dod i dy feddwl. Mae'n bosib y byddi di'n gwneud hyn cyn mynd i'r gwely, fel dy fod ti wedyn yn gallu gollwng dy afael ar y pryderon tan y bore, fel nad ydyn nhw'n mynd rownd a rownd yn dy feddwl pan fyddi di'n trio cysgu. (Mae rhagor o syniadau ar gyfer delio â phryderon ym Mhennod 5.)

Ffordd arall o ddelio â meddyliau gorbryderus sy'n gallu codi yn dy feddwl yn y nos yw 'blocio meddyliau'. Mae'r dechneg hon yn gallu bod yn ddefnyddiol i ddelio â meddyliau sydd yn achosi pryder i ti os wyt ti'n ei defnyddio yn syth ar ôl deffro, cyn i ti ddechrau teimlo'n rhy effro. I roi cynnig ar flocio meddyliau, ailadrodda'r gair 'yr' (neu air tebyg, syml, diflas) bob dwy eiliad yn dy ben gyda dy lygaid ar gau. Paid â'i ddweud yn uchel, ond weithiau mae'n gallu helpu i ffurfio ei siâp gyda dy geg. Dalia ati i ailadrodd y gair am ryw bum munud (os galli di). Y syniad yw mai dim ond nifer penodol o ddarnau o wybodaeth y mae dy gof gweithio yn gallu'i ddal ar yr un pryd. Dydy llenwi dy gof gweithio gyda'r gair 'yr' ddim yn gadael fawr o le i ti feddwl am bethau eraill. Techneg ddiflas iawn, ond mae diflas yn wych pan mae angen cysgu arnat ti!

6. Ymlacio

Mae ymlacio'r corff a'i arafu yn help mawr i deimlo'n gysglyd a pharatoi ein cyrff i fynd i gysgu. Er mwyn teimlo'n fwy hamddenol yn dy gorff, mae'n bosib y byddi di'n dewis gwneud ymarfer anadlu neu ymlacio, neu gael gwared ar unrhyw dyndra yn dy gorff. Mae gwneud ymarfer i ymlacio'r cyhyrau yn raddol cyn mynd i'r gwely (manylion ym Mhennod 7) fel rhan o dy drefn tawelu yn helpu'r cyhyrau yn y corff i ymlacio hefyd. Mae rhai pobl yn mwynhau bath sebon swigod neu gawod fel rhan o'u trefn amser gwely. Os wyt ti'n dewis cael bath, mae'n well ei gael awr cyn amser gwely fel nad wyt ti'n rhy boeth pan fyddi di'n trio cysgu. Mae'n bosib y byddi di eisiau defnyddio sebon swigod neu gynnyrch ymolchi ag arogl hyfryd, neu sebon cawod, i dy helpu i ymlacio. Mae cael diod laeth gynnes cyn mynd i'r gwely yn gallu helpu rhai i gysgu, ond mae'n bwysig gofalu nad oes caffein ynddi. Mae pobl eraill yn mwynhau defnyddio arogleuon i'w cysuro cyn amser gwely a'u helpu i ymlacio. Un arogl amser gwely cyffredin yw lafant, ond galli di ddefnyddio pa arogleuon bynnag sy'n rhoi cysur i ti (manylion ym Mhennod 7).

	Sul	Llun	Mawrth	Mercher	Iau	Gwener	Sadwrn
Amser mynd i'r gwely							
Amser mynd i gysgu							
Sawl gwaith wnes i ddeffro							
Amser deffro yn y bore							
Amser codi							
Disgrifio fy nghwsg (mewn dau air)							
Sgôr cwsg*							
Technegau a ddefnyddiwyd i gysgu'n well							

*Sut byddwn i'n graddio fy nghwsg (0–10, – 0 = ofnadwy, heb gysgu o gwbl, a 10 = ardderchog, cwsg o ansawdd da am ddigon o amser)

Tabl 8.1 Siart cysgu

❧ 9 ❧
Ysgol, coleg a straen arholiadau

Mae ysgol neu goleg yn rhan sylweddol o fywyd unigolyn, ac mae'n llyncu cymaint o amser a lle yn dy feddwl. Hyd yn oed pan nad wyt ti yn yr ysgol neu'r coleg, mae'n bosib dy fod ti'n meddwl am yr hyn mae angen i ti ei wneud, yn gwneud (neu'n esgus gwneud) dy waith cartref, neu'n meddwl am arholiadau neu waith cwrs sydd ar y gweill. O ganlyniad, mae ysgol neu goleg yn gallu bod yn ffynhonnell sylweddol o orbryder a phryder i bobl ifanc, pan fyddi di yno a phan fyddi di gartref.

Os wyt ti'n teimlo bod yr ysgol yn anodd, nid ti yw'r unig un. Er bod pobl eraill fel petaen nhw'n ymdopi'n iawn ar yr wyneb, mae llawer yn ei chael hi'n anodd o dan yr wyneb. Meddylia am hwyaden mewn pwll. Mae'n golwg dawel a digyffro arni, yn nofio'n dawel ar wyneb y dŵr, ond o dan y dŵr, mae ei thraed yn symud ar ras!

Efallai y byddi di'n clywed pobl yn sôn am faint maen nhw'n astudio, neu'r hwyl maen nhw'n ei chael ar ddarn o waith cwrs, a gallai hynny wneud i ti deimlo ychydig o banig. Un o'r prif bethau sy'n gallu gwneud i bobl deimlo'n orbryderus yn yr ysgol yw cymharu eu hunain ag eraill a theimlo nad ydyn nhw'n ddigon da. Mae pobl hefyd yn gallu teimlo dan bwysau i wneud yn dda, pryderu eu bod nhw heb adolygu neu astudio digon, pryderu am deimlo'n fethiant neu fod wrthi'n gweithio tuag at nod neu radd arbennig o heriol ac yn ofni methu cyrraedd y nod. Fel pethau eraill sy'n gallu ysgogi gorbryder, mae trafod sut rwyt ti'n teimlo â rhywun sy'n agos atat ti, neu rywun sy'n gallu helpu, yn siŵr o wneud lles (mae Pennod 11 yn ymdrin â siarad â phobl am dy orbryder). Gallai hynny gynnwys ffrind, aelod o'r teulu, cefnogaeth fugeiliol neu athro/athrawes sy'n dy ddeall di. Mae'n bosib y bydd yn gallu cynnig rhywfaint o help neu gyngor, neu drefnu rhywfaint o gymorth ychwanegol. Fel arfer, y peth gorau yw trafod hyn â rhywun cyn gynted â phosib, cyn i'r gorbryder a'r gwaith gynyddu (ond hyd yn oed yn ddiweddarach, mae hyn yn gallu bod o help mawr).

Sut mae gorbryder yn effeithio arnon ni yn yr ysgol neu'r coleg?

Mae gorbryder yn rhan o'n hymateb bygythiad (manylion ym Mhennod 1), ac mae'n gallu amharu'n sylweddol ar ein ffordd o feddwl. Mae'n gallu gwneud i ni ganolbwyntio'n llwyr ar yr hyn rydyn ni'n ei deimlo yw'r bygythiad (e.e. peidio â gwneud 'yn ddigon da' neu fethu) a'n hatal ni rhag gallu gwneud ein gwaith neu ganolbwyntio. Mae'n gallu arwain at wneud camgymeriadau neu anghofio beth roedden ni'n mynd i'w ddweud neu ei ysgrifennu. Er bod gorbryder yn gallu bod yn ffordd fuddiol o'n hysgogi ni i adolygu a gweithio'n galed (fel arall, bydden ni'n debygol o dreulio ein holl amser yn ein mwynhau ein hunain yn lle dysgu algebra), rydyn ni'n gwybod bod gormod o orbryder yn ein rhwystro ni rhag meddwl yn glir. Mae hyn yn arbennig o bwysig o ran gwneud yn dda yn yr ysgol a'r coleg.

Pan mae ein system fygythiad ar waith, rydyn ni'n hoelio ein holl ffocws ar y bygythiad rydyn ni'n meddwl sydd yno. Mae hyn yn golygu ei bod hi'n anodd i ni feddwl am unrhyw beth heblaw'r bygythiad. Mae'n bosib felly ein bod ni'n meddwl pethau fel, "Aaaa, arholiad! Dwi wedi anghofio popeth!" (sy'n gallu arwain at droell o feddyliau gorbryderus), yn hytrach na gallu cofio sut i ddweud "helô" yn Ffrangeg ... "bonjour". Mae'n bwysig felly ein bod ni'n gallu sylwi pan fydd ein system fygythiad yn cael ei sbarduno, a dysgu sut i allu cysuro ein system fygythiad fel y gallwn ni gysylltu â'n hymennydd meddwl unwaith eto. Mae Pennod 7 yn canolbwyntio ar dechnegau i gysuro'r system fygythiad yn fwy cyffredinol, ond mae'r bennod hon yn rhoi enghreifftiau o sut i wneud hyn, a thawelu ein meddyliau, mewn ffordd sy'n benodol i fod mewn ysgol neu goleg.

Osgoi osgoi!

Un ffordd gyffredin o drio ymdopi â gorbryder yw osgoi beth bynnag sy'n dy wneud yn orbryderus (mae rhagor o wybodaeth am hyn ym Mhennod 3). Wrth gwrs, mae hyn yn gweithio yn y tymor byr. Mae'n gallu gwneud i ti deimlo'n dawelach am ychydig wrth i ti osgoi'r bygythiad posib y mae dy feddwl wedi ei ganfod. Gyda gwaith ysgol, rydyn ni'n gwybod bod hyn yn gallu arwain at orfod gorffen darnau o waith ar ôl y dyddiad pan maen nhw i fod wedi eu cyflwyno, ac adolygu munud olaf gwyllt ar gyfer arholiadau! Mae hyn yn ei dro yn debygol o wneud i ti deimlo mwy fyth o banig a bygythiad, ond mae'n amhosib osgoi pethau am byth. O ganlyniad, mae herio dy bryderon yn uniongyrchol (gyda thipyn o gefnogaeth) yn beth da, a phan mae'n bosib, cynllunio ymlaen llaw. Mae'r bennod hon felly yn meddwl am ffyrdd o fynd i'r afael â'r pethau sy'n sbarduno gorbryder, yn hytrach na'u hosgoi. Bydd yn cynnig awgrymiadau i ti ar gyfer astudio a delio ag arholiadau a sut i greu hafan astudio. Dylai hynny dy helpu i gael y gorau allan o'r ysgol neu'r coleg, a gwneud i ti deimlo'n fwy parod ac yn llai gorbryderus.

Cyngor da ar astudio

Mae'r cynghorion hyn yn canolbwyntio ar dechnegau astudio gwahanol a allai dy helpu i ymdopi â meddyliau gorbryderus. Eu nod yw achub y blaen ar dy orbryder, dy helpu i deimlo'n barod yn dy waith gan leihau'r gorbryder posib rwyt ti'n ei deimlo. Rho gynnig ar rai a gweld pa rai sy'n gweithio i ti.

- Os yw canolbwyntio mewn gwersi yn anodd i ti, hola os cei di eu recordio (cofia ofyn caniatâd dy athro yn gyntaf) er mwyn eu chwarae'n ôl a gweld a wyt ti wedi colli rhywbeth. Neu edrycha a oes unrhyw beth aml-gyfryngol ar gael i dy helpu i astudio.

- Rhanna dy gyfnodau astudio yn ddarnau bach. Rwyt ti'n gallu talu sylw am tua 40 munud, felly mae'n well astudio am 30 munud, yna cael deng munud o seibiant. Mae hyn yn debyg i dechneg Pomodoro, sy'n rhannu gwaith yn gyfnodau llai. Cynllunia bethau braf i'w gwneud yn ystod y seibiannau (trîts bach) fel cael diod, tamaid i'w fwyta, mynd am dro y tu allan, ac yna trît mwy ar gyfer diwedd dy sesiwn astudio.

- Un syniad yw ysgrifennu'r holl bynciau mae angen i ti eu hastudio, gan roi tic wrth ymyl pob un wrth i ti eu cwblhau.

- Gofala dy fod ti'n gosod nodau realistig – os wyt ti'n bwriadu astudio tri phwnc gwahanol mewn diwrnod, ydy hynny'n bosib? Neu ydy hynny'n mynd i wneud i ti deimlo dan straen ac eisiau rhoi'r gorau iddi? Os nad yw hyn yn bosib, rho gynnig ar astudio dau bwnc yn lle hynny.

- Weithiau, mae pryderu am waith yn gallu dy rwystro di rhag gweithio (gweler yr adran osgoi uchod). Gallet ti deimlo dy fod ti'n methu ysgrifennu gair, neu nad wyt ti'n gwybod beth i'w ddweud. Pan fyddi di'n teimlo fel hyn, y peth gorau i ti yw rhoi cynnig arni. Mae llwyddo i ysgrifennu dim ond llond llaw o eiriau, neu frawddeg rwyt ti wedi ei dysgu ar dy gof, yn well nag ysgrifennu dim byd o gwbl. Dewis arall yw treulio ychydig funudau yn cymryd saib i dawelu dy system fygythiad (gweler Pennod 7), cyn rhoi cynnig arall arni.

- Os wyt ti'n sownd oherwydd llawer o feddyliau sy'n achosi pryder a dy fod ti'n methu canolbwyntio, mae seibiant o rai munudau yn syniad. Beth am roi cynnig ar feddylgarwch (gweler Pennod 6), drwy anadlu'n feddylgar (canolbwyntio ar y synwyriadau yn dy gorff wrth i ti anadlu i mewn ac allan, sylwi ar feddyliau wrth iddyn nhw basio, ond heb ddal gafael ynddyn nhw)? Treulia ychydig funudau i ffwrdd o dy ardal astudio hefyd, i gael seibiant go iawn ac i dawelu a lleddfu dy ymennydd bygythiad, cyn ailafael yn dy waith.

- Os yw'r meddyliau anodd hyn yn parhau, mae'n bosib y byddi di'n dewis gwneud rhywfaint o herio meddyliau (gweler Pennod 4) i drio cael safbwynt gwahanol.

Y broblem gyda pherffeithiaeth

Mae bod yn berffeithydd yn beth cadarnhaol – dyna'r gred gyffredin. Y broblem allweddol gyda pherffeithiaeth yw nad oes neb yn berffaith go iawn (er mae'n bosib bod golwg felly arno). Mae'n bosib y bydd pobl yn dda iawn, neu hyd yn oed yn wych, am wneud rhywbeth, ond mae pawb yn gwneud camgymeriad yn y pen draw. Bydd rhai pobl yn pryderu eu bod nhw'n fethiant neu'n gwneud cam â nhw'u hunain neu bobl eraill os nad ydyn nhw'n cael y radd uchaf bob tro (mae rhagor am hyn yn yr adran ar bwysau ymhen ychydig dudalennau). Os nad ydyn nhw'n cael y graddau roedden nhw wedi eu disgwyl, gall deimlo fel ergyd enfawr neu fod eu byd yn deilchion. Os ydyn ni'n trio bod yn berffaith, rydyn ni'n paratoi ein hunain i fethu oherwydd does neb yn gallu bod yn berffaith drwy'r amser. Yr unig beth rydyn ni'n gallu ei wneud yw bod yn 'ddigon da', gwneud ein gorau a gweld beth sy'n digwydd.

Ydy, mae'n bwysig cael nodau ac amcanion realistig, ond mae'n bwysig gwybod hefyd nad yw arholiadau'n bwysicach na dim, a bod opsiynau eraill ar gael os nad ydyn ni'n cael y graddau roedden ni wedi gobeithio eu cael. Ond mae'r broses o ddysgu methu, a gwybod dy fod ti'n gallu goroesi ac ymdopi â methiant, yn arf seicolegol hynod bwysig i ti ei gael yn dy feddiant hefyd. Pan fydd rhywun wedi profi methiant a dod drwyddi, mae hyn yn ei alluogi i feithrin gwytnwch neu nerth seicolegol – mae'n gwybod ei fod yn gallu methu a dod drwyddi, ac nad yw hynny'n ddiwedd y byd.

Yn aml iawn, mae meddwl hunanfeirniadol yn cadw cwmni i berffeithiaeth. Mae dywediadau fel "Dylwn i fod wedi ..." a "Gallwn i fod wedi ..." yn gyffredin. Felly defnyddia dy sgiliau herio meddyliau (manylion ym Mhennod 4) i dy helpu i feddwl am ddywediadau eraill, mwy tosturiol i'w hadrodd os wyt ti'n sylwi dy fod ti'n feirniadol. Mae gofyn i ti dy hun, "Beth byddai fy ffrind gorau/rhiant yn ei ddweud?" yn gallu helpu yn hyn o beth.

Creu hafan astudio

Un peth sy'n bwysig o ran dy helpu i ganolbwyntio ar astudio yw cael rhywle sy'n teimlo'n ddiogel, yn dawel, rhywle lle nad oes dim byd arall yn tynnu dy sylw. Mae'r adran hon felly yn canolbwyntio ar sut i greu'r amgylchedd dysgu gorau posib yn dy gartref (a chyngor ar gyfer yr adegau hynny pan nad wyt ti yno). Does gan y rhan fwyaf o bobl ddim llawer o le ac efallai'n gorfod rhannu lle ag aelodau eraill o'r teulu, felly mae hyn yn gallu bod yn dipyn o her. Mae'n bosib felly y byddai'n beth da i ti egluro i dy deulu pa mor bwysig i ti yw cael gofod astudio tawel, pwrpasol i adolygu a gwneud gwaith cartref er mwyn dy helpu i ganolbwyntio.

- Gofala dy fod ti'n trefnu ychydig o amser astudio yn dy ddyddiadur – a hynny fesul bloc. Mae'n bosib y byddi di eisiau sicrhau bod y tŷ'n mynd i fod yn dawel (os oes modd) ac na fydd neb yn tarfu arnat ti.

- Mae'n well gan rai astudio wrth wrando ar gerddoriaeth neu synau sy'n ymlacio. Mae'n well gan eraill dawelwch – ti sydd i benderfynu beth sy'n gweithio i ti. Beth am wneud rhestr chwarae arbennig ar gyfer astudio, gyda cherddoriaeth neu synau sy'n gwneud i ti ymlacio neu yn dy ysgogi?

- Gofala dy fod ti'n gyfforddus, ond ddim mor gyfforddus fel dy fod ti'n debygol o gysgu. Gallai eistedd yn dalsyth – eistedd i fyny – helpu yn hyn o beth, ac atal poen cefn ar yr un pryd. Mae osgo yn bwysig iawn, yn enwedig wrth ddefnyddio gliniaduron, gan ein bod ni'n tueddu i eistedd yn un swp yn ein cadair wrth eu defnyddio.

- Os wyt ti'n ddigon ffodus i gael desg, gofala ei bod yn weddol daclus ac yn glir o lanast (byddai'n werth tacluso ar ddiwedd pob cyfnod astudio, efallai?). Os nad oes gennyt ti ddesg, chwilia am le i astudio yn y tŷ – y bwrdd cinio, er enghraifft.

- Efallai y bydd angen pethau arnat ti i dy helpu i astudio (neu dy fod ti'n hoffi prynu deunydd ysgrifennu) fel nodiadau Post-it, uwcholeuwyr, geiriaduron, cardiau fflach. Pryna'r rhain cyn dechrau dy sesiwn astudio a gofala eu bod nhw wrth law pan fydd eu hangen nhw arnat ti.

Profiad personol – Bridie

Roeddwn i'n hoffi astudio yn y llyfrgell. Doedd dim byd yno i dynnu fy sylw i, ac roeddwn i'n gallu ymlacio ar ôl cyrraedd adref. Roeddwn i hefyd yn hoff iawn o restrau a deunyddiau ysgrifennu er mwyn gwneud i fi deimlo mwy o reolaeth pan oedd baich yr astudio yn teimlo'n ormod. Byddwn i'n gwneud rhestr fanwl o'r holl derfynau amser a'r pynciau roedd angen edrych drostyn nhw, ac yna yn defnyddio nodiadau Post-it a chardiau atgoffa er mwyn i fi allu gosod yr holl bwyntiau pwysicaf ar fy wal. Pan fyddwn i'n gorffen astudio pwnc neu pan fyddai terfyn amser yn pasio, byddwn i yn ei ddileu oddi ar y rhestr â phen marcio du trwchus – cathartig iawn! Roeddwn i wastad yn gofalu bod trîts wrth law i roi gwobr i fi a fy nhawelu fy hun pan angen hynny.

Gwneud amser i ti dy hun

Er bod y bennod hon yn canolbwyntio'n bennaf ar awgrymiadau i helpu gyda dy astudiaethau a dy arholiadau ar y pryd, y peth fydd yn dy helpu di fwyaf yn y tymor hwy yw gofalu amdanat ti dy hun yn gyffredinol. Mae gofalu am dy feddwl a dy gorff mor bwysig, ac wrth i ti wneud hynny, mae'n cael effaith gadarnhaol ar dy iechyd corfforol a meddyliol cyffredinol, gan wella a lleihau gorbryder a gwneud i ti deimlo'n well yn gyffredinol. I ofalu amdanat ti dy hun yn iawn, mae'n bwysig cael trefn dda wrth baratoi i gysgu a digon o gwsg bob nos (mae rhagor am hyn ym Mhennod 8). Heb ddigon o gwsg bydd dy gof a dy allu i ganolbwyntio ac i ddysgu yn dioddef, yn ogystal â dy hwyliau. Felly, er bod sesiwn astudio drwy'r nos cyn arholiad yn gallu ymddangos fel y peth gorau i'w wneud, dydy o ddim go iawn. Mae'n debygol o arwain at drafferth canolbwyntio y diwrnod canlynol (ac mae'n bosib y byddi di'n anghofio'r hyn rwyt ti wedi ei ddysgu y noson cynt). Mae cael noson dda o gwsg yn fwy tebygol o wneud byd o les i dy hwyliau a dy allu i ganolbwyntio drannoeth.

Mae ffyrdd eraill o ofalu amdanat ti dy hun yn cynnwys gofalu dy fod ti'n bwyta'n iach ac yn gwneud ymarfer corff yn rheolaidd – mae prawf bod hynny'n cael effaith gadarnhaol ar lefelau gorbryder hefyd. Gwna dy orau i beidio â methu prydau bwyd a gofala dy fod ti'n cael seibiant rheolaidd ac yn trefnu amser ar gyfer gweithgareddau arferol. Mae'n bosib y byddi di eisiau cynnwys amser yn dy amserlen astudio ar gyfer gweithgareddau rwyt ti'n eu mwynhau, neu sy'n dy helpu i ymlacio, fel mynd am dro neu siarad â ffrindiau. Mae'r gweithgareddau hyn yn debygol o wella dy hwyliau yn gyffredinol a chynnig seibiant i ti o'r astudio mwy dwys.

Cyngor da ar gyfer arholiadau

Mae'r awgrymiadau sy'n dilyn yn canolbwyntio ar y ffordd orau o baratoi ar gyfer arholiad, ond hefyd sut i ymdopi â gorbryder os yw'n taro yn ystod arholiad:

• Tria gael noson dda o gwsg y noson cyn arholiad. Mae cysgu yn gallu bod yn anodd, yn enwedig os wyt ti'n poeni am yr arholiad, ond gall cysgu fod o les. Bydd yn gwneud i ti deimlo'n dawelach ac yn fwy parod, ac yn dy helpu i ganolbwyntio a chofio pethau ar y diwrnod. Mae rhagor o gyngor am gysgu ar gael ym Mhennod 8.

• Er bod yfed diod egni (neu ddiod arall â chaffein ynddi) cyn arholiad yn gallu bod yn demtasiwn, gallai'r cynnydd hwn mewn caffein gynyddu teimladau o orbryder a phryder (o ran meddyliau gorbryderus ac ymatebion corfforol). Felly mae'n werth osgoi diodydd egni am ychydig oriau cyn arholiad, o leiaf (neu mae'n well peidio â'u hyfed nhw o gwbl).

- Mae'n syniad cael mantra neu ddywediad i ganolbwyntio arno, a'i ddweud wrthot ti dy hun, cyn neu yn ystod yr arholiad fel, "Rwyt ti'n gallu gwneud hyn."

- Os wyt ti'n cael trafferth mewn arholiad, treulia ychydig o amser i ganolbwyntio eto. Anadla'n ddwfn am ychydig a chanolbwyntia ar dy anadlu (mae rhagor o wybodaeth am dechnegau anadlu ym Mhennod 6 a 7).

- Gallet ti ddefnyddio techneg meddylgarwch (rhagor ym Mhennod 6) i ganolbwyntio dy sylw o'r newydd. Gallet ti ganolbwyntio dy sylw ar dy feiro, ar y patrymau ar y ddesg, a'u hastudio'n feddylgar, gan hebrwng dy sylw yn dawel yn ôl i'r gwrthrych pan fydd dy feddwl yn crwydro. Ar ôl ychydig eiliadau, pan fydd dy ben yn fwy clir, galli di droi'n ôl at yr arholiad. Os wyt ti'n bwriadu defnyddio'r dechneg yma yn ystod arholiad, byddai'n ddefnyddiol i ti ei hymarfer yn gyntaf.

- Efallai y byddi di eisiau chwarae gêm meddylgarwch fer o astudio'r ystafell a dod o hyd i rywbeth rwyt ti heb ei weld o'r blaen, fel twll awyru neu batrwm ar y llenni (gan dalu sylw i dy amgylchedd ar y pryd, er mwyn canolbwyntio'r meddwl).

- Meddylia am weithgaredd hwyliog i'w wneud ar ôl yr arholiad, rhywbeth i edrych ymlaen ato ac i ganolbwyntio arno. Gall y peth hwnnw hefyd fod yn rhywbeth defnyddiol i dynnu dy sylw ar ôl yr arholiad, pan fydd temtasiwn llethol (di-fudd) i edrych yn ôl drwy'r nodiadau astudio i weld a wyt ti wedi gwneud camgymeriadau!

- Gallai fod yn ddefnyddiol i ti dreulio ychydig o amser yn y neuadd arholiadau cyn arholiad. Er enghraifft, treulia beth amser yn eistedd yno ychydig ddyddiau ynghynt, fel dy fod ti'n dechrau dod i arfer â'r ystafell a theimlo'n fwy cyffforddus ynddi. Tra wyt ti yno, byddai gwneud ymarfer ymlacio neu rywbeth cysurlon (ym Mhennod 7) yn fuddiol, fel bod dy ymennydd yn gallu dechrau cysylltu teimladau o dawelwch ag amgylchedd yr ystafell.

Cymorth yn yr ysgol a'r coleg

Os wyt ti'n dal i deimlo panig am dy astudiaethau neu'r arholiadau sydd i ddod, ar ôl rhoi cynnig ar yr holl bethau uchod, mae'n bwysig gadael i rywun yn dy ysgol neu goleg wybod os nad wyt ti wedi gwneud hynny'n barod (mae rhagor o syniadau am siarad â phobl a chael gafael ar gymorth ym Mhennod 11). Weithiau, mae gan ysgolion gefnogaeth ychwanegol yn ei lle i ddisgyblion sy'n cael anhawster gydag arholiadau. Mae'n bosib y galli di drafod opsiynau neu syniadau â nhw, neu efallai y bydd ganddyn nhw ystafell lai i ti ei defnyddio.

Pwysau gan eraill

Pan fyddwn ni'n teimlo dan bwysau i wneud yn dda yn yr ysgol neu yn yr arholiadau, mae rhywfaint o'r pwysau hwnnw yn dod yn aml gan bobl eraill, fel rhieni neu athrawon. Mae'n bosib y byddwn ni'n teimlo 'rheidrwydd' i wneud yn dda fel y byddan nhw'n falch ohonon ni, neu eu bod nhw'n disgwyl i ni gael graddau uchel ac y byddwn ni yn eu siomi os nad ydyn ni'n llwyddo. Weithiau, mae'n bosib y bydd eu disgwyliadau yn afrealistig neu'n heriol iawn. Mae hynny'n gallu teimlo fel baich trwm ychwanegol ar ben unrhyw bryderon am yr arholiadau sydd yno'n barod! Mae'n bosib y bydd y pwysau hwnnw'n arwain at awydd i beidio â thrafod y mater â nhw, yn gwneud i ni deimlo'n ddig neu'n rhwystredig tuag atyn nhw, neu'n gwaethygu ein gorbryder ni.

Efallai y byddai'n werth i ti gael sgwrs â phobl eraill i drafod beth maen nhw'n meddwl y byddi di'n ei gyflawni yn dy astudiaethau neu arholiadau. Bydd hynny'n rhoi cyfle i ti sôn am beth sy'n realistig o dy safbwynt di, a sut gallan nhw dy gefnogi wrth i ti weithio tuag at y nod hwn. Mae bod yn agored fel hyn yn gallu ysgafnhau'r pwysau ac annog trafod defnyddiol. Mae rhagor o wybodaeth am drafod dy orbryder ag eraill ym Mhennod 11. Mae'r adran Gwybodaeth Ddefnyddiol ar ddiwedd y llyfr yn cynnwys dolenni at adnoddau sy'n ymwneud â straen oherwydd ysgol, coleg ac arholiadau.

❧ 10 ☙

Newidiadau

Rhaid i bawb reoli pontio a newid; does dim byd byth yn aros yr un fath ac mae mwy o newidiadau yn digwydd yn ystod glasoed – *adolescence* – nag ar unrhyw adeg arall. Yn aml, mae newid yn gallu bod yn gyffrous ac yn bositif, ond mae hefyd yn gallu bod yn anodd a heriol. Pan fyddwn ni'n sôn am newid, mae pobl yn aml yn meddwl am newidiadau mawr neu bwysig; er enghraifft, newid ysgol, rhieni'n gwahanu neu golli rhywun sy'n annwyl i ti. Ond mae newid yn rhywbeth rydyn ni'n gorfod ei reoli'n fwy rheolaidd na hynny; yn wir, rydyn ni yn ei reoli bob dydd. Yn ystod diwrnod ysgol neu goleg, rwyt ti'n pontio o un dosbarth i'r llall. Mae'n bosib bod rhiant yn mynd i ffwrdd gyda'i waith neu'n mynd yn sâl, sy'n golygu bod newid i'r drefn a phwy sydd gyda ti gartref. Mae'r rhain yn enghreifftiau o newid hefyd, ac i lawer, maen nhw'n gallu bod yn ffynhonnell straen a gorbryder sy'n herio neu'n llethu ein strategaethau ymdopi arferol a'n ffyrdd ni o ofalu amdanon ni'n hunain.

ENGHREIFFTIAU O NEWIDIADAU YN YSTOD GLASOED

☆ Symud i ddosbarth arall yn yr ysgol neu goleg

☆ Dechrau hobi neu weithgaredd newydd

☆ Profedigaeth, rhywun rydyn ni yn ei garu yn marw

☆ Athro newydd

☆ Rhiant yn cael swydd newydd

☆ Symud tŷ

☆ Ymfudo i wlad newydd

☆ Cyfeillgarwch neu berthynas bwysig yn dod i ben

☆ Dechrau gwneud pethau ar dy ben dy hun, er enghraifft, teithio ar dy ben dy hun

☆ Dechrau perthynas agos â rhywun rwyt ti'n ei hoffi'n fawr

☆ Dechrau ennill dy arian dy hun

Mae enghreifftiau o newidiadau cadarnhaol, hyd yn oed, yn gallu achosi i ni deimlo'n ansefydlog ac yn orbryderus yn ogystal ag yn gyffrous a disgwylgar. Gallai'r teimladau gorbryderus fod yn gysylltiedig ag anwybodaeth am yr hyn sydd ar fin digwydd, neu oherwydd colled, yn ogystal â dechreuadau newydd. Enghraifft dda o hyn yw mynd i goleg neu brifysgol. Yn aml, mae pobl ifanc yn teimlo'n gyffrous am fynd i'r coleg a dechrau cwrs o'u dewis nhw. Ond maen nhw hefyd yn drist iawn yn gadael eu ffrindiau a'u teulu ac yn orbryderus oherwydd nad ydyn nhw'n gyfarwydd â'r adeiladau, eu cyd-fyfyrwyr newydd, neu beth fydd y disgwyliadau yn y lleoliad newydd hwn.

Mae'r teimladau hyn yn rhai digon cyffredin ac yn ddealladwy – dydy pobl ddim bob amser yn hoffi newid. Yn ogystal, mae colli perthynas drwy brofedigaeth, symud i ffwrdd neu dor perthynas yn boenus tu hwnt. Fel arfer, mae enghreifftiau o newidiadau anodd yn gallu teimlo'n rhyfedd neu'n anghyfforddus. Gall hefyd fod yn help i ni ein hatgoffa'n hunain fod pontio hefyd yn gyfnod o dwf a chyfle i ddysgu amdanon ni ein hunain a datblygu sgiliau ymdopi newydd. Mae yna ffyrdd i ni ymdrin â newid a'r holl deimladau sy'n gallu codi yn ei sgil, sy'n ei gwneud hi'n haws i ni reoli'r cyfnodau heriol hyn yn ein bywydau. Os ydyn ni'n teimlo bod gennym ni rywfaint o reolaeth, mae'n dal yn bosib i ni deimlo'n drist neu'n anghyfforddus o bryd i'w gilydd, ond rydyn ni hefyd yn fwy tebygol o ddysgu a thyfu ar ôl eu profi. Gallwn hefyd droi at ein teulu a'n ffrindiau am help.

Dy baratoi dy hun

Dydy hi ddim bob amser yn bosib i ni baratoi ar gyfer newid. Mae rhai newidiadau yn ein bywydau yn digwydd yn annisgwyl, ac mae'n rhaid i ni ddelio â'r canlyniadau yr un pryd, ynghyd â'r sioc. Fodd bynnag, gyda rhai enghreifftiau o newid, rydyn ni'n cael misoedd neu hyd yn oed flynyddoedd o rybudd. Os oes amser i baratoi ar gael, mae'n werth i ni wneud yn fawr ohono. Os ydyn ni'n orbryderus ac yn ansicr, mae claddu ein pen yn y tywod ac esgus nad yw'n digwydd yn gallu bod yn demtasiwn. Mae osgoi ac anwybyddu o'r fath yn normal ac yn gwbl ddealladwy, ond ydy o'n fuddiol?

Os gallwn ni dderbyn bod newid yn dod, gallwn ein paratoi ein hunain a dechrau mynd i'r afael ag unrhyw bryderon yn uniongyrchol. Os wyt ti'n dechrau coleg newydd a thithau wedi bod mewn diwrnod agored neu wedi cael cyfweliad y llynedd, trefna ymweliad arall – hyd yn oed os wyt ti ddim ond gofyn i rywun dy yrru di yno er mwyn i ti weld yr adeiladau unwaith eto. Os yw'r coleg mewn gwlad arall neu'n rhy bell i yrru yno, byddai hyd yn oed edrych ar luniau yn gwneud y lle yn fwy cyfarwydd a gallai fod yn ddigon i leddfu ychydig ar dy orbryder. Pan fyddi di'n orbryderus am ddechrau gweithgaredd newydd a chyfarfod â phobl dwyt ti ddim yn eu hadnabod, yna gallai treulio amser yn cynllunio'r daith a hyd yn oed ei hymarfer o flaen llaw fod yn fuddiol o ran rhoi hwb i dy hyder. Mae'n un peth yn llai fydd yn 'newydd' ar y diwrnod. Mae datrys y pryderon bach yn gwneud i ti deimlo'n fwy abl i wynebu'r sefyllfa newydd.

Yn aml, mae'n syniad da eistedd gyda rhywun y galli di ymddiried ynddo i drafod y newid sydd ar ddod, a nodi unrhyw bryderon a phroblemau posib fel dy fod ti'n gallu dechrau paratoi cynlluniau i'w rheoli. Galli di ddefnyddio technegau datrys problemau fel y rhai a nodwyd ym Mhennod 5 i feddwl am atebion i heriau, creu cynlluniau a hyd yn oed ymarfer beth gallet ti ei ddweud mewn sefyllfaoedd newydd neu frawychus.

DULL DATRYS PROBLEMAU

☆ Rhestra bob ateb posib (gan gynnwys rhai gwirion/ amhosib).

☆ Gwna nodyn o'r holl fanteision ac anfanteision (neu'r tri uchaf os wyt ti eisiau cadw pethau'n fyr).

☆   Dewisa'r ateb gorau ar sail y rhestr.

☆   Cynllunia sut i gyflawni'r dasg, gan ddefnyddio
    chwarae rôl os oes rhaid neu os yw yn dy helpu.

Strwythur a threfn

Wrth i ni fynd trwy newid, gallwn golli gafael ar ein trefniadau dyddiol arferol. Mae diffyg strwythur ac esgeuluso'r trefniadau hyn yn gallu gwneud i ni deimlo bod gennym ni lai fyth o reolaeth pan fyddwn ni dan straen, a gall olygu ein bod ni'n anwybyddu'r pethau sylfaenol fel gofalu ein bod ni'n cael noson dda o gwsg ac yn bwyta deiet cytbwys. Bydd pethau syml fel cadw amserau prydau bwyd ac amser gwely yn rheolaidd a chadw mor agos at dy drefn 'normal' â phosib yn ddechrau da, ac yn dy helpu i ofalu amdanat ti dy hun. Mae'n bwysig i ti ddal ati i wneud amser i ti dy hun ac i'r pethau a fydd yn dy helpu i ymlacio a theimlo'n dawel.

Os wyt ti'n mynd trwy gyfnod sylweddol o newid neu bontio (fel symud i rywle arall neu adael cartref am y tro cyntaf), mae'n bosib dy fod ti'n edrych ymlaen at droi dy gefn ar hen drefn dy hen gartref. Os felly, mae'n werth i ti dreulio peth amser yn ystyried dy drefn newydd a chynnwys y pethau a fydd yn dy helpu i ymlacio ac i beidio â chynhyrfu.

Cymodi

Os wyt ti'n gadael pobl ar ôl ac yn symud ymlaen i ddosbarth neu i ysgol newydd, neu os wyt ti neu ffrind/aelod o dy deulu yn symud i ffwrdd, weithiau mae fel petai'n haws anghofio am unrhyw anghytuno. Mae osgoi yn aml yn demtasiwn os mai sgwrs anodd yw'r dewis arall, ond os oes rhywbeth wedi dy ypsetio, neu dy fod ti wedi ypsetio rhywun arall, mae'n bwysig cymodi a thrio cael gwared ar unrhyw gamddeall. Mae'n bosib y bydd hi'n sgwrs anghyfforddus neu anodd, ond os galli di fod yn ddewr yn hytrach na mynd â'r baich i ffwrdd gyda ti, galli di symud ymlaen gan wybod dy fod ti wedi gwneud dy orau glas i sicrhau diwedd da heb adael problemau heb eu datrys. Meddylia am y peth fel dy 'amlygu' dy hun i sefyllfa frawychus ac fel cyfle i brofi dy broffwydoliaethau am yr hyn rwyt ti'n meddwl allai ddigwydd. Hefyd, i ddysgu pa mor dda y galli di ymdopi pan fydd pethau'n mynd o chwith (mae rhagor am hyn ym Mhennod 3).

Ffarwelio

Mae ffarwelio a sicrhau diwedd da yn bwysig wrth bontio neu gamu ymlaen yn llwyddiannus. Mae dweud ffarwél yn gallu bod yn drist ac yn anodd, ond mae hefyd yn gallu bod yn gyfnod o ddathlu. Mae'n gyfle i adael i bobl wybod eu bod nhw wedi bod yn bwysig i ti ac i greu ystyr o ddiwedd pennod yn dy fywyd. Os yw hi'n anodd dweud wrth bobl beth maen nhw wedi ei olygu i ti wyneb yn wyneb, mae ysgrifennu nodyn neu gerdyn yn gallu bod yn ffordd arall o wneud hyn.

Gofala dy fod ti'n cynllunio i ddweud ffarwél wrth bobl neu mae perygl y byddi di'n llithro i ffwrdd yn ddiarwybod. Efallai y byddi di am drefnu parti mawr gyda llawer o bobl bwysig, neu efallai dim ond paned gyflym neu gerdded adref gyda'ch gilydd. Tynna luniau o bobl bwysig cyn i ti fynd, a gofala dy fod ti'n cynnig ffyrdd o gadw mewn cysylltiad. Trefna ymweliad arall, neu aduniad.

Weithiau mae ffarwelio yn broses bersonol ac unigol sy'n ymwneud mwy â theimlo'n iawn gyda'r diweddglo na chyfathrebu â phobl eraill. Bydda'n greadigol. Trefna ail ymweliad â dy hoff lefydd, tynna luniau, gwna collage neu beth am gadw dyddiadur?

Gofyn am gefnogaeth

Rho wybod i bobl bod newid neu bontio yn anodd i ti. Paid â chymryd yn ganiataol eu bod nhw'n gwybod. Mae angen pobl eraill ar bob un ohonon ni i'n helpu pan mae pethau'n anodd. Efallai fod dy deulu'n mynd trwy'r newid gyda ti, a'u bod nhw'n dioddef eu straen eu hunain, neu efallai nad yw'r bobl o dy gwmpas di wedi sylweddoli bod gennyt ti deimladau cymysg am newidiadau sydd ar yr wyneb yn ymddangos yn gyffrous iawn.

Gall rhannu dy bryderon wneud datrys problemau yn haws, yn ogystal â lleddfu dy orbryder. Os nad wyt ti'n un sy'n gofyn am help yn aml, mae'n bosib y bydd angen i ti feddwl sut i wneud hynny. Mae Pennod 11 yn cynnig ambell syniad am sut i drafod dy ofnau a dy bryderon â phobl eraill.

Rhoi amser i ti dy hun

Mae teimlo'n orbryderus ac yn ansicr (yn ogystal â chyffrous) pan fyddwn ni'n agosáu at rywbeth newydd yn hollol normal. Pan fydd amgylchiadau'n taflu newid mawr i'n llwybr, gall fod yn brofiad brawychus a gwneud i ni deimlo allan o reolaeth. Mae colled, fel rhiant yn gadael y cartref teuluol neu rywun sy'n annwyl i ni yn marw, yn gallu teimlo fel ergyd aruthrol. Mae'n cymryd amser. Mae gan fodau dynol allu rhyfeddol i addasu i sefyllfaoedd newydd a rhyfedd, ond mae teimlo'n ofnadwy am gyfnod yn hollol normal, ac mae'n cymryd amser i ni ddod i arfer â'n bywyd newydd. Bydda'n garedig wrthot ti dy hun. Bydda'n ymwybodol o'r perygl o fod yn hunanfeirniadol a defnyddia'r syniadau ym Mhenodau 6 a 7 i helpu dy hun i fod yn feddylgar, i ymlacio ac i gynnig cysur i ti dy hun drwy'r cyfnod anodd hwn.

CYNGOR AR YMDOPI Â NEWID

1. Bydda'n barod! Wyneba dy bryderon a gwna dy orau i ddod yn gyfarwydd â'r hyn sydd i ddod.

2. Sonia wrth bobl rwyt ti'n ymddiried ynddyn nhw am dy deimladau.

3. Cadwa dy drefn ddyddiol mor 'normal' â phosib.

4. Dywed hwyl fawr a thria wella hen glwyfau, os galli di wneud hynny.

5. Bydda'n garedig wrthot ti dy hun.

$\approx$ 11 $\approx$

cymorth ychwanegol

Trafod dy orbryder â phobl eraill

Pan wyt ti'n cael trafferth gyda gorbryder, mae'n bwysig dweud wrth rywun sy'n agos atat ti fel y gall gynnig help a chefnogaeth i ti. Yn aml, bydd y person hwnnw yn rhiant, gofalwr, brawd neu chwaer, taid neu nain ond gall fod yn unrhyw un rwyt ti am iddo fod, gan gynnwys ffrindiau agos neu athrawon. Fel y gweli di o'r straeon personol ym Mhennod 12, roedd sôn am eu gorbryder yn aml yn drobwynt cadarnhaol i lawer o'r bobl ifanc.

Mae dweud wrth rywun dy fod ti'n ei chael hi'n anodd yn gallu gwneud i ti deimlo mewn sefyllfa fregus, ac mae hyn yn gallu bod yn frawychus iawn! Yn ein profiad ni, rydyn ni wedi teimlo rhyddhad ar ôl dweud wrth rywun. Mae wedi caniatáu i bobl helpu a deall ein hymateb.

Yn ein barn ni, wrth siarad â phobl, mae rhai pethau y galli di eu gwneud i wneud bywyd ychydig yn haws:

1. Chwilia am le sy'n gyfforddus i ti a threfna gyfarfod â'r person yno (e.e. caffi neu barc) – man lle rwyt ti'n teimlo'n ddiogel ac yn gallu siarad yn rhydd .

2. Llunia syniad yn dy ben o'r hyn rwyt ti eisiau ei ddweud a sut rwyt ti'n mynd i godi'r pwnc, ond paid â chynllunio gormod. Os wyt ti'n meddwl gormod am y peth, bydd yn achosi mwy fyth o orbryder i ti.

3. Paid â dweud dim mwy na'r hyn rwyt ti'n gyfforddus yn ei ddweud; does dim rhaid i ti ddweud mwy na hynny. Os yw'r person yn dechrau gofyn cwestiynau dwyt ti ddim am eu hateb, dyweda, "Roeddwn i eisiau rhoi gwybod i ti fod pethau'n anodd, ond dydw i ddim yn barod ar hyn o bryd i drafod fy ngorbryder yn fanwl" neu rywbeth tebyg i hynny.

4. Pan fydd y person rwyt ti wedi ei ddewis yn dod i wybod am dy anawsterau, mae'n debyg y bydd eisiau dy helpu. Mae'n bosib y byddai'n syniad i ti feddwl sut gallai hwnnw dy helpu di (e.e. tynnu dy sylw, rhywun i gysylltu ag o pan fyddi di'n cael diwrnod anodd ac ati). Sonia wrtho am y pethau hyn.

5. Weithiau, y peth gorau i'w wneud yw rhwygo'r plaster i ffwrdd a mynd amdani. Yn ein profiad ni, mae'r cyfnod cyn gwneud rhywbeth bob amser yn waeth o lawer na'r gorbryder sy'n dod yn sgil gwneud y peth sy'n achosi ein gorbryder. Ar ôl i ti ddweud dy ddweud a dod dros y rhuthr adrenalin ar y dechrau, bydd golwg haws ar bethau a byddi di'n teimlo'r rhyddhad. Mae gorgynllunio yn gallu gwneud i ti deimlo'n orbryderus iawn, ac mae mynd amdani yn arbed llawer o straen weithiau.

6. Mae siarad â phobl yn gallu bod yn frawychus, ond yn aml iawn, y cyfan maen nhw eisiau ei wneud yw dy helpu di. Mae cyfaddef dy fod ti'n cael trafferth a dweud hynny wrth rywun yn gam mawr i oresgyn dy orbryder. Yn aml iawn, mae hefyd yn gwneud i ti deimlo'n fwy cartrefol yng nghwmni'r un rwyt ti wedi dweud wrtho.

Profiad personol – David

Fe fu'n rhaid i fi edrych arnaf i fy hun yn ofalus a chydnabod bod angen cefnogaeth arna i. Fe wnes i ffonio fy rhieni a dweud sut roeddwn i'n teimlo a beichio crio dros Skype. A dweud y gwir, fe wnaeth i fi deimlo'n anhygoel ar y pryd! Roedd yn teimlo fel bod gwerth blwyddyn gyfan o orbryder newydd lifo allan yn ystod y sgwrs.

Roedd yn gymaint o ryddhad, roeddwn i'n gallu teimlo fy hun yn ymlacio'n gorfforol ... Fe wnes i sôn am bopeth oedd yn digwydd wrth rai o fy ffrindiau agosaf, a doedd ganddyn nhw ddim syniad fy mod i'n cael y fath anhawster. Fe wnaeth y sgyrsiau hyn â ffrindiau arwain at gyngor a chefnogaeth, a doedd fy sefyllfa ac ambell benderfyniad ddim yn teimlo mor llethol mwyach ... Yn fwy na dim, mae'r cyfnod hwn wedi gwneud i fi sylweddoli pa mor bwysig yw rhannu fy mhryderon a gofyn am gefnogaeth ar adegau pan dwi'n bryderus neu'n orbryderus.

Ffyrdd eraill o gyfathrebu

Weithiau, mae siarad â phobl yn uniongyrchol am dy orbryder yn gallu bod yn rhy anodd, felly mae'n bosib y byddi di eisiau meddwl am ffyrdd eraill o roi gwybod iddyn nhw. Efallai y byddi di'n dewis ysgrifennu nodyn at rywun agos, fel llythyr i ddweud wrth riant sut rwyt ti wedi bod yn teimlo, ac yn rhoi'r llythyr yn ei law. Neu efallai y byddi di'n cytuno â rhiant y byddi di'n rhoi gwybod drwy decstio os wyt ti'n cael trafferth (dim ond anfon emoji atyn nhw hyd yn oed – cyn belled â'u bod nhw'n gwybod beth mae'n ei olygu). Mae rhai pobl hefyd yn creu 'cardiau cyfathrebu' – cardiau bach â lluniau neu eiriau sy'n dangos hwyliau gwahanol, i'w dangos i riant neu oedolyn maen nhw'n ymddiried ynddo, er mwyn rhoi gwybod sut maen nhw'n teimlo. Beth bynnag sy'n gweithio orau i ti. Weithiau, mae pobl yn dweud, "Wel, dylen nhw wybod beth bynnag, dydw i ddim wedi bod ar fy ngorau." Mewn rhai ffyrdd, mae dyfalu beth sydd ar feddwl pobl eraill yn gallu bod yn debyg i wall darllen meddyliau (manylion ym Mhennod 4). Mae hyn yn gallu gwneud i ni deimlo'n rhwystredig tuag at y llall neu wedi ein siomi ganddo. Yn anffodus, dydy pobl eraill ddim bob tro yn sylwi ar yr arwyddion dy fod ti'n cael anhawster, felly rydyn ni'n credu ei bod hi'n well dweud wrthyn nhw'n uniongyrchol bob tro.

Beth sy'n gallu dy rwystro

Yn aml, mae pobl yn gallu ofni ymateb pobl eraill, gan gynnwys pryderu y byddan nhw'n ddig, yn drist, yn siomedig, wedi eu syfrdanu neu wedi eu cynhyrfu. Efallai y byddan nhw hyd yn oed yn pryderu am fod yn faich i'r llall, yn enwedig os yw'n mynd trwy gyfnod anodd ei hun. Mae hynny wedyn yn gallu arwain at y person ifanc yn cadw pethau i'w hun fwy fyth ac yn trio ymdopi ar ei ben ei hun – rhywbeth rydyn ni'n gwybod sy'n ddim help o gwbl. O'n holl waith gyda theuluoedd, dyma un peth rydyn ni wedi ei ddysgu. Er y gall rhieni ac unigolion eraill mae plentyn yn ymddiried ynddyn nhw synnu i ddechrau (er na fyddan nhw fel arfer), neu deimlo'n drist bod eu plentyn yn teimlo fel y mae, mae rhieni fel arfer yn falch iawn fod eu plentyn wedi magu'r plwc i ddweud wrthyn nhw, fel y gallan nhw wedyn gynnig eu cefnogaeth a'u cysur. Yn aml, bydd rhieni wedi sylwi nad yw eu plentyn yn ei hwyliau, neu ei fod ychydig yn dawelach na'r arfer, ond heb wybod pam. Weithiau, dydy'r person arall ddim yn gwybod yn iawn sut i ymateb i ddechrau, neu beth i'w ddweud, ond mae hynny'n iawn. Os wyt ti wedi llwyddo i roi gwybod iddyn nhw sut rwyt ti'n teimlo, yna gallwch chi ddechrau trafod mwy â'ch gilydd. Gallai hefyd fod yn werth i ti rannu dy Gynllun Goroesi Gorbryder (manylion ym Mhennod 13) i'w helpu i ddeall dy orbryder yn well a sut y gallan nhw dy gefnogi di.

Profiad personol – Scott

Y tro cyntaf i fi sôn wrth Mam am fy nhrafferthion gyda gorbryder, roeddwn i'n nerfus ofnadwy. Roeddwn i wedi bod yn meddwl am y peth ers amser maith, ac yn y pen draw fe wnes i anfon neges ati ar fore arbennig o anodd. Roedd yn brofiad digon brawychus pan wnaethon ni siarad y noson honno. Ond ar ôl ychydig funudau, dyma fi'n sylweddoli ei fod yn beth da i'w wneud ac fe wnes i ddechrau teimlo'n llawer llai unig yng nghanol fy anawsterau.

Cymorth yn yr ysgol neu yn y coleg

Os wyt ti'n cael trafferth gyda gorbryder yn yr ysgol neu yn y coleg, gallet ti gael budd o gyfarfod ag aelod o staff rwyt ti'n hapus yn ei gwmni, er enghraifft, dy athro dosbarth, pennaeth blwyddyn, gweithiwr cymorth dysgu neu ofal bugeiliol.

Mae'r cwestiynau y gallet ti eu gofyn yn cynnwys:

- Oes yna le yn yr ysgol neu goleg ble galla i fynd os yw fy ngorbryder yn gwneud pethau'n anodd?

- Galla i siarad â rhywun am hyn (e.e. cwnselydd/cymorth bugeiliol)?

- Oes unrhyw help ychwanegol ar gael i fi wrth baratoi ar gyfer arholiadau? (Mae'n bosib y bydd angen cymorth arbennig arnat ti yn dy arholiadau.)

- Ydych chi'n cynnal unrhyw sesiynau ar sut i reoli straen oherwydd arholiadau? Neu oes yna rywle i fi gael ychydig o help gyda hynny?

Mae'r adran Gwybodaeth Ddefnyddiol ar ddiwedd y llyfr yn cynnwys rhagor o wybodaeth ac adnoddau.

Gwasanaethau iechyd meddwl

Os yw dy orbryder yn parhau i effeithio ar dy fywyd bob dydd neu'n achosi llawer o ofid i ti mewn sefyllfaoedd penodol, rydyn ni'n argymell dy fod ti'n mynd i weld dy feddyg teulu. Gallwch gydystyried a fyddai cael dy gyfeirio at wasanaeth iechyd meddwl yn mynd i fod yn ddefnyddiol, ac mae'n mynd i wybod am beth sydd ar gael yn yr ardal. Mae'n bosib y bydd yn awgrymu defnyddio meddyginiaeth (mae gwefan Young Minds yn gallu bod o help – manylion yn yr adran Gwybodaeth Ddefnyddiol).

Mae troi at wasanaethau iechyd meddwl am y tro cyntaf yn gallu bod yn frawychus, ond mae'r bobl sy'n gweithio yn y gwasanaethau hyn yn llawn cydymdeimlad, a dydyn nhw ddim yn feirniadol o gwbl. Mae pawb yn ofnus y tro cyntaf, ond y peth pwysicaf yw dy fod ti'n cael yr help mae ei angen arnat ti.

Profiadau personol o orbryder

Rydyn ni'n freintiedig iawn bod y bobl ganlynol (Josh, Emmeline, Scott, Bobbi, Leon a Phoebe) wedi rhannu eu straeon â ni ar gyfer y llyfr hwn.

Daw'r straeon canlynol gan bobl ifanc (a phobl ychydig yn hŷn sy'n edrych yn ôl) sydd wedi cael anhawster gyda gorbryder, ac wedi dod o hyd i ffyrdd o ymdopi ag o. Mae ambell enw ac oedran wedi ei newid i sicrhau cyfrinachedd.

Josh – 27 oed

Dwi wastad wedi bod yn un gorbryderus. Ers i fi gofio, ac mae hynny'n dal i fod yn wir nawr, dwi'n pryderu nad yw'r hyn dwi'n ei wneud yn ddigon da neu fod pawb yn disgwyl mwy gen i. Yn fy mhen, yn yr ysgol, byddwn i'n fy mhoenydio fy hun drwy feddwl 'mod i'n siomi fy hun a fy anwyliaid os nad fi oedd y gorau, neu os nad oeddwn i wedi gwneud fy ngorau. Roedd y cledrau chwyslyd, y cwlwm erchyll hwnnw yn fy stumog a'r llais bach yng nghefn fy mhen yn arwydd o'r gorbryder yn agosáu, y teimlad hwnnw ei bod hi'n haws cilio a pheidio â gwneud fy ngorau na wynebu methiant.

Mae fy newid o yrfa yn eironig, mewn gwirionedd. Perfformio ar gae o flaen miloedd o bobl, a dwysáu'r teimladau hynny ar adegau i'r fath raddau fel fy mod i'n teimlo wedi fy mharlysu ac yn meddwl a oedd hi'n werth cario 'mlaen. Roedd y gorfeddwl hwn, a'r euogrwydd roeddwn i'n ei deimlo yn sgil hynny o beidio â mwynhau'r sefyllfa anhygoel o ffodus roeddwn i ynddi, yn gwneud y teimladau hynny'n waeth. Am gyfnod hir, roeddwn i wedi bod yn ystyried siarad â rhywun am sut roeddwn i'n teimlo, er mwyn cael help i ymdopi. Roeddwn i wastad wedi ei ddiystyru fel minnau'n bod yn wirion ac y gallwn i wneud rhywbeth am y teimladau fy hun. Daeth y cyfan i benllanw ar ôl un gêm benodol – dwi'n cofio'n glir fod popeth wnes i'n ymddangos fel y dewis anghywir. Roeddwn i'n dilyn y llwybr hawsaf wrth wneud pob penderfyniad, ac yn fy nghasáu fy hun am hynny. Dyna pryd y penderfynais mai digon oedd digon a thrwy ffrind, dyma ddod o hyd i Ben [seicolegydd].

Dyma pryd wnes i sylweddoli bod gallu rhannu fy ngorbryderon a fy mhryderon a'u trafod, yn teimlo fel petai pwysau'r byd wedi ei godi oddi ar fy ysgwyddau. Gyda'n gilydd, fe fuon ni'n trafod technegau gwahanol ac yn llunio nodau penodol i ganolbwyntio arnyn nhw wrth symud ymlaen.

Roeddwn i wastad wedi bod fymryn yn amheus o feddylgarwch a'r technegau anadlu cysylltiedig. Ond erbyn hyn maen nhw'n rhan o fy ymarfer dyddiol ac wedi bod yn hynod werthfawr. Mae wedi fy helpu i reoli fy meddwl gorfywiog sy'n mynnu gorfeddwl. Mewn gemau a sefyllfaoedd pan dwi'n teimlo dan straen, mae hyn, ynghyd â sbardun corfforol (clicio fy mysedd) yn fy ngalw i'n ôl rhag crwydro ar hyd llwybrau meddyliol "beth os".

Dwi wedi sylweddoli'n fwy na dim nad oes pwynt ymladd gorbryder. Oni bai dy fod ti'n cuddio o dan graig neu'n encilio rhag y byd, bydd y sefyllfaoedd sy'n gwneud i ti deimlo'n orbryderus wastad yno. Dysga rannu dy deimladau gorbryderus a chwilia am dechnegau sy'n gweithio i ti ac yn gadael i ti reoli pethau eto.

Emmeline – 29 oed

Roeddwn i wastad wedi mwynhau'r ysgol, ond pan oeddwn i tua 11 oed, ces i fy mwlio'n emosiynol yn greulon gan fy 'ffrindiau gorau' ar y pryd. Dyna sbardunodd fy ngorbryder go iawn. Ar ei waethaf, roeddwn i'n teimlo'n sâl wrth feddwl am fynd i'r ysgol yn y bore. Prin y gallwn i fwyta fy mrecwast ac yn aml, roeddwn i'n gorfod gadael gwersi i weld nyrs yr ysgol oherwydd fy mod i'n teimlo mor sâl – roedd o'n gyfnod erchyll. Yn y pen draw, fe wnaeth y syniad y byddwn i'n sâl yn gyhoeddus olchi drosodd o fywyd ysgol i orbryder am deimlo felly ar deithiau allan, yn enwedig mewn llefydd fel y sinema lle roeddwn i'n methu gadael petai'r angen yn codi. Ar y pryd, doedd gen i ddim syniad mai'r hyn roeddwn i'n ei brofi oedd gorbryder – roedd o'n teimlo fel pwll berw o arswyd am rywbeth roeddwn i'n methu sôn wrth neb amdano. Ar ôl blwyddyn neu ddwy, ambell sgwrs dda gyda fy nheulu, grŵp newydd gwych o ffrindiau a mantra o ddweud wrthyf fy hun, "Dydw i ddim yn teimlo'n sâl, dwi'n teimlo'n gyffrous," fe wnes i lwyddo i ddod drwy'r gwaethaf a gadael llawer o symptomau corfforol gorbryder y tu ôl i fi.

Ar ôl i fi dyfu'n hŷn, ces i bwl o banig am y tro cyntaf. Unwaith eto, doedd gen i ddim syniad beth oedd yn digwydd (oherwydd yr holl boen yn fy mrest, roeddwn i'n meddwl 'mod i'n cael trawiad ar y galon!). Daeth y profiad hwnnw â llawer o'r teimladau'n ôl i mi roeddwn i'n eu profi pan oeddwn i'n iau: ofn cael pwl o banig, ofn cyfogi neu (gan feddwl bod rhywbeth mawr yn bod, diolch i'r poenau yn fy mrest) gael rhyw fath o argyfwng cyhoeddus trychinebus. Dim ond bryd hynny, ac ar ôl gwneud ychydig o ymchwil, y cododd y niwl: roeddwn i wedi bod yn delio â gorbryder ar hyd yr amser. Yn sydyn, roeddwn i'n deall y symptomau corfforol roeddwn i wedi bod yn pryderu amdanyn nhw, ac er bod hynny wedi tawelu fy meddwl, doedd gwybod mai gorbryder oedd achos A chanlyniad y teimladau corfforol hyn ddim yn cael gwared arnyn nhw. Gwnes i lawer o ymchwil, dechreuais i fyfyrio a sôn wrth bobl am fy mhrofiadau ... ond roeddwn i'n dal i fethu tawelu'r cynnwrf ac arswyd yn fy stumog, yn enwedig os oeddwn i yn rhywle lle byddwn i'n teimlo'n gaeth, neu'n teimlo bod pobl yn fy meirniadu petawn i'n cael pwl o banig. I fi, dyma oedd oes y cynllun wrth gefn, neu o leiaf yr oes o ffafrio aros gartre a gwylio Netflix. Ar ôl pwyso a mesur, sylwais ei fod yn effeithio'n negyddol ar fy mywyd – roedd fy meddyliau i fy hun yn tanseilio fy hapusrwydd.

Tua'r adeg yma bues i'n arbrofi gydag apiau tawelu gorbryder ar fy ffôn. Roedd gan un ohonyn nhw amserydd anadlu gyda golau gwyrdd yn fflachio am bum eiliad ar gyfer anadlu i mewn, yna golau coch am 11 eiliad ar gyfer anadlu allan. Fe wnes i sylweddoli bod ei ddefnyddio (hyd yn oed os oedd 11 eiliad o anadlu allan yn teimlo fel oes!) yn help mawr i fy nhywys fy hun yn ôl o ymyl dibyn panig. Roedd rheoli fy anadl yn arafu cyfradd curiad fy nghalon, yn ymlacio fy nghyhyrau ac yn rhoi ychydig o le i fi ganolbwyntio ar rywbeth heblaw'r meddyliau cynhyrfus. Roedd gwybod bod gen i ffordd gyfrinachol o herio'r gorbryder yn rhoi nerth i fi, a dyma ddechrau derbyn cyfleoedd – "Ydw, dwi am fynd i'r parti!" "Ydw, dwi am fynd i'r ddinas ar fy mhen fy hun!" "Ydw, dwi'n mynd i wneud cyflwyniad o flaen 60 o fyfyrwyr!" Roedd yn anodd, ond wrth i fi fachu ar y cyfleoedd a sylweddoli (a) fy mod i'n gallu dod drwyddyn nhw (neu hyd yn oed eu mwynhau!) heb unrhyw broblem a (b) hyd yn oed petai rhywbeth yn digwydd, roedd pobl fel arfer wedi ymgolli cymaint yn eu trafferthion eu hunain fel na fyddai ots, roeddwn i'n magu hyder. Daeth yr her fawr pan wnes i gytuno i fod yn ecstra mewn ffilm Hollywood – wir-yr! Roedd yn artaith, ond fe wnes i gofio'r adegau o feddwl, "Dydw i ddim yn teimlo'n sâl, dwi'n teimlo'n gyffrous" a phrofi pum awr anhygoel o ffilmio. Erbyn hyn, dwi'n gallu edrych yn ôl ar hynny, ac ar fy holl brofiadau gyda gorbryder hyd yma a meddwl, "Os galla i ddod drwy hynny, galla i wneud unrhyw beth." Ers hynny, hyd yn oed os dwi'n teimlo'n betrusgar, dwi wedi gwrthod gadael i orbryder fy rhwystro i rhag manteisio ar gyfle cyffrous.

Scott – 16 oed

Yn ddiweddar, dwi wedi bod drwy ambell newid mawr yn fy mywyd sydd wedi gwneud i fi deimlo'n orbryderus. Fe wnes i symud tŷ a newid ysgol wrth fynd i mewn i Flwyddyn 10, fel roeddwn i'n dechrau ar fy nghyrsiau TGAU. Gwnaeth hyn i fi deimlo'n orbryderus iawn oherwydd dwi'n berson tawedog iawn; doeddwn i ddim yn nabod neb ac roedd y syniad o siarad â phobl yn fy nychryn i go iawn. Mae stigma ynghlwm wrth fod yn *nerd* – eu bod nhw'n gallu bod yn snobyddlyd – ac mae peryg i bobl fy ystyried i'n dipyn bach o *nerd*. Byddwn i eisiau siarad â rhywun; ond fyddwn i ddim eisiau dweud rhywbeth twp neu sylweddoli nad yw hwnnw yn fy hoffi i.

Felly, roedd gen i awydd cyson i rywun siarad â fi yn gyntaf. Fel hynny, fe fyddai llai o fai arna i. Ond yn anaml iawn byddai hynny'n digwydd. Ac oherwydd 'mod i heb arfer â chymdeithasu, doeddwn i ddim yn gwybod yn iawn beth i'w wneud pan fyddai'n digwydd.

Pan ges i fy nerbyn i grŵp o bobl, dechreuais i deimlo'n llai gorbryderus. Dywedon nhw wrtha i fod llwyth o bobl eisiau siarad â fi, ond 'mod i'n rhoi'r argraff doeddwn i byth eisiau siarad â neb. Felly gofynnais i pam roeddwn i'n rhoi'r argraff honno. Roedden nhw i gyd yn garedig iawn ac yn dweud wrtha i bod golwg mor nerfus arna i bob tro roedd rhywun arall yn agos. Eu cyngor nhw oedd y dylwn i drio ymlacio.

Er bod hynny'n anodd, roedd gen i grŵp o ffrindiau erbyn hyn roeddwn i'n gwybod na fydden nhw'n gas i fi, felly dechreuais i deimlo'n hapus o'u cwmpas. Roedd cael yr ychydig ffrindiau hynny yn hwb enfawr i fy hunanhyder pan oeddwn i yn eu cwmni, felly dyma ddechrau ymddwyn yn fwy fel fi fy hun yn eu cwmni. Yn sgil hynny, roedd pobl eraill yn fy ngweld i'n rhan o'r grŵp hwn, a doeddwn i ddim bellach yn teimlo 'mod i'n gorfod cuddio rhag pobl o fy nghwmpas. Yn raddol, dechreuais i deimlo ychydig yn fwy yng nghwmni pawb o 'nghwmpas i, a doeddwn i ddim yn berson mor ynysig â'r hen fi.

Yr ail newid mawr oedd mynd i'r coleg. Er bod gen i un neu ddau o ffrindiau yn mynd i'r un coleg, collais i gysylltiad ag ambell un arall yn eithaf cyflym, ac roedd hi'n anodd i fi deimlo'n gyfforddus o gwmpas y bobl newydd. Am y pythefnos cyntaf, wnes i ddim cwrdd â neb newydd na siarad â neb mewn gwirionedd, oherwydd 'mod i mewn lle anghyfarwydd, dim byd mwy. Yna dechreuais i siarad â phobl a oedd yn rhannu bwrdd â fi yn fy ngwersi. Roeddwn i'n teimlo ei bod hi'n bosib gwneud hynny heb iddyn nhw fy marnu i. Y cam cyntaf oedd sôn am y pwnc, a pham roedd yn eu diddori nhw, ac yn raddol bach, byddai'r sgwrs yn dod yn llai ffurfiol. Roedd hi'n broses araf; ond dwi'n fwy cyfforddus yn barod oherwydd mae'r bobl yn fy nosbarthiadau yn gwybod pwy ydw i, felly does dim angen i fi guddio y tu ôl i ryw ffug dawelwch.

Er nad ydw i'n hoffi bod â gorbryder, mae wedi fy helpu i mewn sawl ffordd hefyd. Gan fy mod i'n eithaf mewnblyg, dwi'n gallu dod o hyd i amser i wneud unrhyw waith, a dwi wedi dysgu mwynhau fy nghwmni fy hun. Mae'n dal i ddod yn ôl pan dwi'n trio siarad â phobl, ond ar y cyfan, dwi wedi dysgu ei reoli.

Bobbi – 17 oed

Gorbryder. I lawer o bobl, dim ond un gair arall yn eu geirfa ydy o ond i rywun sy'n byw gyda'r cyflwr, fel fi, mae'n gymaint mwy. Ar ddiwrnod da, mae fel cysgod sy'n bygwth fy llyncu i, ar ddiwrnod gwael, alla i ddim teimlo dim byd arall. Hyd yn oed heddiw, mae'r atgof o deimlo ofn pur wedi ei serio ar fy nghof. Fe gafodd pob ystrydeb roeddwn i erioed wedi ei darllen am orbryder ei gwireddu. Cledrau chwyslyd, ceg sych, stumog yn teimlo'n llawn o blwm. Roeddwn i'n cael pyliau o banig bob dydd. Roedden nhw'n mynd a dod, ac yn cipio tamaid bach arall o obaith bob tro wrth iddyn nhw gilio. Roedd pob munud o bob dydd yn artaith. Roeddwn i'n gyson orbryderus, nes 'mod i'n fy nghasáu fy hun a fy mywyd. Waeth beth byddwn i'n ei wneud, doedd y teimladau ddim yn fy ngadael. Yr unig seibiant oedd y 30 eiliad rhwng deffro a bod yn gwbl effro.

Trwy gydol fy mywyd, mae gwrthrych fy meddyliau gorbryderus wedi amrywio yn ôl pa sefyllfa bynnag rydw i ynddi ar y pryd. Pan oeddwn i'n fach, un o brif achosion teimlo'n nerfus oedd bod i ffwrdd oddi wrth fy nheulu. Fe newidiodd hyn wrth i fi dyfu i fyny: o fod yn poeni am gael fy nal mewn tân, i arswydo gorfod teithio, i ofni arholiadau – yn ogystal â llu o bethau eraill. Y pwynt yw, oherwydd y ffordd dwi wedi fy nghreu, mae gorbryder yn anochel. Daeth yn amlwg yn fuan iawn nad oeddwn i byth yn mynd i gael gwared ar y salwch.

Ond dwi hefyd wedi dysgu mai fy ofn mwyaf yw'r ofn ei hun. Pan mae pob ystrydeb am orbryder yn cael ei gwireddu, rwyt ti'n dechrau sylweddoli bod sgileffeithiau ofn yn aml yn waeth na'r sefyllfa rwyt ti ynddi.

Tua chwe mis yn ddiweddarach, doeddwn i ddim yn gallu dioddef rhagor. Fe wnes i chwalu, a chyffesu popeth wrth fy mam. Dydw i erioed wedi profi dim byd tebyg i'r rhyddhad hwnnw. Dechreuais i gredu 'mod i'n mynd i allu dechrau byw eto. Ond dim ond dechrau'r daith oedd hyn. Parhaodd y patrwm am flynyddoedd – gydol fy mywyd, yn llythrennol. Roeddwn i'n meddwl na fyddwn i byth yn teimlo'n normal. Yn y pen draw, ces i chwalfa feddyliol go iawn ond, oherwydd hynny, o'r diwedd ces i'r help roedd ei angen arna i. Cefais fisoedd o therapi ac ymarfer – yn llythrennol, roedd yn rhaid i fi ddysgu meddwl eto. Rŵan, am y tro cyntaf yn fy mywyd, dwi o'r diwedd yn gallu byw. Byw go iawn, hynny yw, nid dim ond bodoli. Er 'mod i'n dal i gael pyliau o wendid weithiau, dwi'n gwybod y galla i ddod allan ohonyn nhw. Dyna'r gwahaniaeth rhwng rŵan a hynny. O'r blaen, dim ond gorbryder roeddwn i, ond erbyn hyn dwi'n byw, er bod y gorbryder yn dal yno weithiau. Yn hytrach na gadael i'r gorbryder fy rheoli i, dwi'n dewis ei reoli. Dwi wedi dod i ddeall sut i resymoli fy meddyliau a gydag amser, dyna sydd wedi profi'n allweddol o ran dod yn ôl i realiti. Dwi'n cyfaddef bod hyn gryn dipyn yn anoddach nag y mae'r frawddeg honno'n awgrymu ond, bob dydd, byddai pethau'n gwella ychydig bach. Weithiau, roedden nhw'n gwaethygu, ond ar y cyfan, roedden nhw'n gwella.

Am y tro cyntaf yn fy mywyd, dwi'n teimlo bod gen i'r sgiliau i fwynhau bywyd. Mae'r ffaith fy mod i wedi gorfod gweithio amdano fo yn rhoi blas melysach iddo, y wobr orau i unrhyw un. Mae'n wir, dydy hapusrwydd a bywyd heb orbryder ddim yn hawdd. Mae'n flynyddoedd o ddioddef, a misoedd o waith yn eu dilyn. Mae'n debyg mai gwella yw un o'r dewisiadau anoddaf i fi orfod ei wneud erioed. Yn llythrennol, bu'n rhaid i fi ddysgu meddwl o'r newydd.

Ond dyma hefyd y dewis gorau i fi ei wneud erioed, a fyddwn i ddim yn ei newid am y byd.

Leon – 12 oed

Ddwy flynedd yn ôl, dechreuais i yn yr ysgol uwchradd, newid enfawr o'r ysgol gynradd. Roedd fy ysgol gynradd yn fach ac yn ddiogel, ond roedd yr ysgol uwchradd yn fawr ac yn frawychus. Roedd hi'n eithaf hawdd teimlo ar goll yno ac fel petai bawb wedi anghofio amdana i. Roedd y dyddiau cyntaf yn frawychus iawn. Ar y dechrau, roedd cadw fy hun i fi fy hun yn haws o lawer. Ces i fy ngorfodi i fod yn ffrindiau gyda dau ddisgybl arall. Roedden nhw'n sefyll ar eu pennau eu hunain hefyd, a gwnaeth yr athro wneud i ni siarad â'n gilydd. A dyna fi wedi gwneud dau ffrind – Jack, oedd yn yr un dosbarth â fi, ac Ian, oedd mewn dosbarth yn hanner arall yr ysgol.

I ddechrau, roeddwn i'n meddwl bod yr ysgol uwchradd yn iawn. Doeddwn i ddim yn un o'r plant 'poblogaidd' ond doedd hynny ddim yn fy mhoeni i. Ond mewn dim o dro, dyma rai o'r plant 'poblogaidd' yn dechrau gwneud hwyl am fy mhen i. Roedden nhw'n galw enwau arna i, yn y dosbarth a'r tu allan, ac yn fy nilyn i lawr y coridor yn ystod yr egwyl. Roedden nhw'n dwyn fy nhei. Byddai eraill yn tynnu ar fy nghôt neu fy mag, ac yn difetha fy ngwisg ysgol. Doeddwn i ddim yn hoffi hynny. Roeddwn i'n dweud wrthyn nhw am beidio ond doedd hynny ddim yn gwneud gwahaniaeth. Roeddwn i'n drist ac yn anhapus. Doeddwn i ddim yn deall beth roeddwn i wedi ei wneud iddyn nhw i achosi'r fath gasineb tuag ata i.

Dechreuodd yr ysgol deimlo fel lle anniogel, gyda phobl yn pigo arna i drwy'r dydd. Ar ôl ychydig, sylweddolais i nad oedd eu hanwybyddu nhw'n mynd i weithio, felly dyma drio anghofio am y peth. Ond aeth pethau o ddrwg i waeth, a dechreuodd effeithio ar fy ngwaith ysgol ac ar fy ymddygiad. Roedd pobl yn fy ngwneud i'n ofnus ac yn ddig, ond doeddwn i ddim eisiau dangos hynny yn yr ysgol oherwydd doeddwn i ddim eisiau iddyn nhw gael rheswm arall i bigo arna i. Roeddwn i'n cuddio'r cyfan ac yn teimlo fel petai bom yn barod i ffrwydro. Doeddwn i ddim eisiau bod yn yr ysgol. Roeddwn i'n wahanol i bobl eraill ac yn teimlo nad oedd neb yn fy hoffi i, neb eisiau bod yn ffrind i fi, ac mai fy mai i oedd popeth. Y cyfan roeddwn i am ei wneud oedd cuddio. Doeddwn i ddim eisiau mynd i'r ysgol, ond roeddwn i'n gwybod bod rhaid i fi.

Yna dechreuodd y sefyllfa effeithio ar fywyd fy nheulu hefyd. Byddai athrawon yn ffonio fy rhieni i gwyno am fy ymddygiad. Pan oeddwn i'n cyrraedd adref, roeddwn i'n ffraeo gyda fy rhieni a 'mrawd i oherwydd 'mod i'n cuddio popeth oedd yn digwydd yn yr ysgol ac roedd yn rhaid i'r holl gynnwrf, pryder a dicter ddod allan. Bues i'n dwyn pethau i'w rhoi i bobl gan obeithio y bydden nhw'n fy hoffi i, ond wnaeth hynny ddim gweithio. O ganlyniad, byddai Mam a Dad yn fy anfon i i fy ystafell, felly byddwn i'n treulio mwy fyth o amser ar fy mhen fy hun. Roeddwn i'n teimlo mor unig, bod y byd i gyd yn fy erbyn i a doedd neb ar fy ochr i yn cadw fy rhan.

Yn y pen draw, cysylltodd Mam â'r pennaeth i ofyn am help. Roedd hi'n credu bod rhyw gysylltiad rhwng fy ymddygiad i gartref a bywyd ysgol. Cafodd pennaeth y flwyddyn gyfarfod â fi a Mam, a rhoddodd cynllun ar waith fel bod yr ysgol yn teimlo'n lle mwy diogel.

Roedd hi'n tynnu at ddiwedd fy mlwyddyn gyntaf yn yr ysgol uwchradd gyntaf pan ofynnodd Mam i fi gael fy symud i ddosbarth yn hanner arall yr ysgol. Ces i gyfle i gael dechrau newydd. Blwyddyn newydd, dosbarth newydd, athrawon newydd a phlant newydd. Cyn bo hir, cwrddais i â grŵp o ffrindiau oedd yn debyg i fi, mewn rhyw ffordd; grŵp lle'r oeddwn i'n gallu bod yn fi fy hun a chael fy nerbyn am bwy oeddwn i.

Yn ddiweddarach y flwyddyn honno, gwahoddodd y pennaeth blwyddyn fi i fod yn rhan o Ymgyrch Gwrthfwlio Gwobr Diana. Dyma fi'n cytuno ar unwaith – roeddwn i mor falch o gael y cynnig. Bues i ar ddiwrnod hyfforddi a dysgu llawer iawn am fwlio a'r pethau i'w gwneud er mwyn ei atal. Dwi bellach yn llysgennad gwrthfwlio ac yn helpu eraill sy'n teimlo fel roeddwn i ar un adeg. Dwi'n rhannu'r pethau wnes i er mwyn mynd i'r afael â'r heriau roeddwn i'n eu hwynebu yn yr ysgol.

Gyda'r pennaeth blwyddyn nawr ar fy ochr i, rhieni sy'n deall y problemau dwi wedi eu dioddef, ffrindiau sy'n fy nerbyn i am bwy ydw i, a'r cyfle i atal bwlio rhag digwydd i blant eraill, dwi mewn lle hapusach o lawer yn yr ysgol erbyn hyn, ac yn barod am her arholiadau TGAU. Byddwn i'n cynghori unrhyw un sy'n wynebu profiadau tebyg i fi i ddweud wrth rywun, oedolyn neu ffrind rwyt ti'n ymddiried ynddo, er mwyn iddo dy helpu di drwy dy broblem, beth bynnag yw hi.

Phoebe – 18 oed

Roeddwn i wastad yn cael fy nisgrifio fel 'plentyn gorbryderus' ac fel unigolyn 'gorsensitif'. Wrth i fi dyfu'n hŷn a chyrraedd fy arddegau, trodd rhywbeth roedd pawb yn meddwl y byddwn i'n tyfu allan ohono yn rhywbeth mwy o lawer ac anoddach ei drin. A minnau'n 11 oed, dechreuodd fy ngorbryder dyfu fel caseg eira. Roeddwn i'n cynhyrfu'n lân os na fyddwn i wedi gwneud fy ngwaith ysgol hyd eithaf fy ngallu neu os oeddwn i'n cael gradd is na'r disgwyl. Roedd yn gas gen i feddwl am fynd i'r ysgol a chydweithio â fy nghyd-ddisgyblion. O'r pwynt hwnnw, dechreuais i fynegi fy ngorbryder drwy obsesiynau a gorfodaethau – cam cyntaf brwydr gyda defodau a meddwl obsesiynol a fyddai'n llethu fy mywyd i yn ddiweddarach.

Drwy gydol yr ysgol uwchradd, aeth fy mhryderon o ddrwg i waeth. Ymysg llu o bethau eraill, roeddwn i'n pryderu am golli ffrindiau, am fethu gwneud fy ngwaith cartref, am rywbeth yn digwydd i fy nheulu ac am fod yn 'fethiant', yn fy nhyb i. Roedd ambell bryder yn ddealladwy i eraill, ond eraill yn cael eu hystyried yn 'afresymol', a daeth fy ngorbryder yn destun cywilydd i fi.

Pan oeddwn i ym Mlwyddyn 10, dechreuais i gael pyliau o banig. Aethon nhw mor ddrwg, roeddwn i'n methu eistedd yn yr ystafell ddosbarth am wers gyfan heb orfod rhedeg allan. Byddai fy nghoesau yn ysgwyd o dan y bwrdd a byddwn i'n chwysu, yn crynu fel deilen ac yn ofnus. Roeddwn i'n teimlo 'mod i'n methu anadlu ac yn mynd i banig bod rhywbeth yn digwydd i fi. Roeddwn i'n poeni na fyddwn i byth yn gallu anadlu'n iawn eto. Weithiau, roeddwn hyd yn oed yn teimlo fy mod i'n marw neu ar fin llewygu, o leiaf. Weithiau, byddai'n digwydd heb fath o reswm penodol, ond doeddwn i ddim yn gallu ei reoli. Am gyfnod, doedd dim diwrnod yn mynd heibio heb i fi ddioddef pwl o banig.

Yn 15 oed, cefais fy nghyfeirio at y gwasanaethau iechyd meddwl. Yn y pen draw, dyma ddechrau ar CBT gyda therapydd anhygoel a wnaeth fy helpu i herio fy mhroblemau yn uniongyrchol. Es i i'r afael â'r rhestr gynyddol o ddefodau a oedd wedi llethu fy mywyd ac edrych ar fy ngorbryder o safbwynt hollol newydd. Treuliais amser yn cwblhau taflenni a gweithio trwy lawer o'r rhesymau pam roeddwn i wedi datblygu gorbryder mor broblemus, yn amrywio o sut roeddwn i'n meddwl am bethau i brofiadau anodd yn fy ngorffennol. Roedd llawer o'r gwaith yn anodd iawn, ac fe gymerodd dipyn o amser, ond fe lwyddais i yn y pen draw. Yn 18 oed, dyma gael fy rhyddhau o'r gwasanaethau a dechrau adennill fy mywyd a gweithio tuag at fy nodau.

Dwi mewn lle gwell o lawer erbyn hyn ac wedi cyflawni pethau doeddwn i erioed wedi meddwl y bydden nhw'n bosib. Dwi wedi datblygu dulliau o ymdopi â'r gorbryder ac wedi cael gwared ar rai symptomau yn llwyr. Mae fy ngorbryder yn dal i fod yn broblem ac rydw i'n gweithio arno'n ymwybodol bob dydd, ond wnes i erioed freuddwydio y byddwn i'n byw'r bywyd dwi'n ei fyw ar hyn o bryd.

Un o brif symptomau fy ngorbryder oedd osgoi. Roeddwn i'n gwneud pob math o bethau hurt i osgoi sefyllfaoedd a theimladau. Rhwystrodd hyn fy adferiad a gwnaeth iddo gymryd mwy o amser. Mae ymrwymo i wella yn un o'r pethau anoddaf i fi ei wneud erioed, ond dydw i ddim yn gallu gorbwysleisio cymaint i fi ei ennill yn sgil y penderfyniad hwnnw. Doeddwn i byth yn meddwl y byddwn i'n gallu defnyddio trafnidiaeth gyhoeddus heb ei cholli hi, heb sôn am fynychu ysgol neu goleg eto. Doeddwn i byth yn meddwl y byddwn i'n gallu aros oddi cartref am gyfnodau, na chael swydd. Ond dwi wedi cyflawni'r pethau yma i gyd. Ar hyn o bryd, dyma'r gorau i fi ei deimlo ers blynyddoedd lawer. Mae gen i swydd dwi'n ei charu a dwi'n bwriadu dechrau yn y chweched dosbarth eto a dilyn fy mreuddwyd o fynd i'r brifysgol. Dwi'n cynllunio ar gyfer fy nyfodol ac er bod y gorbryder yn dal yno, dwi wedi dysgu ffyrdd o'i reoli a'i leihau. Mae adferiad yn bosib. Roeddwn i'n arfer credu nad oedd yn bosib, o leiaf nid i fi, ond dwi bellach yn sylweddoli pa mor anghywir oeddwn i. Mae adferiad yn bosib i bawb, gan dy gynnwys di.

13

Fy nghynllun goroesi gorbryder

Yn y bennod hon, rydyn ni'n mynd i ddefnyddio gwybodaeth rwyt ti wedi ei chael o'r penodau blaenorol i greu 'Cynllun Goroesi Gorbryder'. Y syniad yw dod i ddeall dy orbryder di dy hun, a meddwl am beth sy'n gallu dy helpu i deimlo bod gennyt ti fwy o reolaeth drosto.

Fy ngorbryder i yw ...

(Beth am dynnu llun neu ysgrifennu?) Beth fyddai fy enw i arno? (gorbryder/pryder/sŵn)? Pa siâp sydd ganddo? Pa liw? Ydy o'n berson neu'n wrthrych?

Beth sy'n gallu tueddu i fy ngwneud i'n orbryderus ...

Diffyg cwsg? Pontio neu newid i ddod? Sefyllfaoedd newydd/ cyfarfod â phobl newydd? Llawer o bethau anodd yn digwydd ar yr un pryd? Astudio gormod – gweithio'n rhy galed?

Fy ymatebion corfforol gorbryderus ...

Beth sy'n digwydd yn fy nghorff sy'n tynnu fy sylw (e.e. anadlu'n gyflymach, stumog yn corddi)? (Rhagor o syniadau ym Mhennod 1.)

Fy meddyliau gorbryderus ...

Pa feddyliau sy'n dod i fy mhen? (Mae gwybodaeth am 'gipio meddyliau' ym Mhennod 4.) Pa lwybrau byr neu wallau sydd fwyaf tebygol o wneud i fi faglu?

Fy ymddygiadau gorbryderus ...

Beth rydw i'n tueddu i'w wneud pan fydda i'n orbryderus (e.e. osgoi pethau, encilio, gwylltio gyda fi fy hun neu bobl eraill)?

Fy sbardunau ...

Pa fath o sefyllfaoedd neu bethau sy'n gwneud i fi deimlo'n orbryderus neu'n bryderus (e.e. arholiadau, ffraeo gyda ffrindiau, pryfed cop)?

Adegau pan/mannau lle bydda i'n fwy tebygol o fod yn orbryderus ...

Ydw i'n fwy tebygol o fod yn orbryderus yn y bore neu fin nos, yn ystod y dydd neu'r nos, neu ar benwythnosau? Fydda i'n fwy gorbryderus ar adegau penodol, fel y cyfnod cyn arholiad? Ydw i'n fwy tebygol o fod yn orbryderus mewn mannau penodol, fel mannau prysur lle nad ydw i'n adnabod neb? Gartref, yn yr ysgol neu pan fydda i'n mynd o gwmpas fy mhethau? Dyddiadau neu adegau penodol o'r flwyddyn?

Â phwy galla i drafod fy ngorbryder? ...

Pwy yw'r bobl orau i drafod fy ngorbryder â nhw, a phwy all fy helpu i ddod drwyddi?

Sut galla i roi gwybod iddyn nhw/beth galla i ei ddweud os ydw i'n cael trafferth ...

(Syniadau ym Mhennod 11.)

Beth galla i ei wneud os yw fy ngorbryder yn llethol ...

Meddwl am y sgiliau rydw i wedi eu dysgu ym Mhenodau 3, 4, 5, 6 a 7, ac unrhyw strategaethau ymdopi eraill sydd gen i. Herio meddyliau? Hunanliniaru? Meddylgarwch? (Bydda mor benodol am strategaethau â phosib.)

Sut galla i helpu fy nghorff i deimlo'n dawelach? ...

(Enghreifftiau o strategaethau ym Mhennod 7.)

Sut galla i ddelio â fy meddyliau gorbryderus? ...

(Enghreifftiau o strategaethau meddylgarwch ym Mhennod 6, neu herio meddyliau ym Mhennod 4.) Pa feddyliau eraill mwy buddiol (e.e. mantra, gosodiad ymdopi positif) galla i droi atyn nhw yn eu lle?

Pethau y galla i eu gwneud i leddfu fy ngorbryder ...

Ydw i'n gallu gwneud rhywbeth arall i leihau fy ngorbryder yn gyflym?

Pwy arall sydd yna i fy nghefnogi i? ...

Ffrind? Aelod o'r teulu neu ofalwr? Athro neu athrawes? Llinell gymorth? Rhywun arall rydw i'n ymddiried ynddo?

Beth mae pobl eraill yn gallu ei wneud ...

Beth mae pobl eraill yn gallu ei wneud i fy helpu pan fydda i'n orbryderus? Er enghraifft, aros gyda fi, rhoi cwtsh i fi, prynu hufen iâ i fi, fy atgoffa i ddefnyddio fy strategaethau, ymarfer anadlu'n arafach gyda fi.

Gallai edrych drwy'r cynllun hwn (a chael copïau ohono os oes angen) dy helpu pan fyddi di'n dechrau teimlo'n orbryderus. Efallai yr hoffet ti ei rannu â rhywun sy'n agos atat ti, i'w helpu i ddysgu rhagor am dy orbryder a gwybod pa ffordd yw'r un orau i gynnig cymorth i ti. Mae'n bosib y byddi di hefyd am ei rannu â'r ysgol neu'r coleg. Os wyt ti'n gadael i bobl wybod pryd rwyt ti'n cael trafferth, gallan nhw dy helpu di i fynd yn ôl ar y trywydd iawn, a fydd dim rhaid i ti wneud hynny ar dy ben dy hun.

Gwybodaeth ddefnyddiol

Llinellau cymorth

Cysyllta â Childline ar 0800 11111 neu drwy'r wefan:
https://www.childline.org.uk/get-support/contacting-childline/
contacting-childline-in-welsh

Ffonia'r Samariaid ar 0808 16401234 (llinell Gymraeg, ar agor
o 7 tan 11 y nos) neu 116 123, e-bostia jo@samaritans.org neu
defnyddia'r Gwasanaeth Testun Cenhedlaeth Nesaf (i bobl
sy'n drwm eu clyw) – gwybodaeth ar gael ar y wefan:
www.samaritans.org

Rhagor o wybodaeth am orbryder

YoungMinds: www.youngminds.org.uk/find-help/conditions/
anxiety. Gwybodaeth am feddyginiaeth: www.youngminds.org.
uk/young-person/medications

Anxiety UK: www.anxietyuk.org.uk

Llyfr i rieni

Cartwright-Hatton, S. (2007) *Coping with an Anxious or Depressed Child: A CBT Guide for Parents*. Llundain: Oneworld.

Gwybodaeth am straen ysgol/arholiadau

YoungMinds: www.youngminds.org.uk/young-person/coping-with-life/exam-stress

Techneg Pomodoro: www.pomodorotechnique.com

Student Minds (elusen iechyd meddwl i fyfyrwyr y Deyrnas Unedig): www.studentminds.org.uk neu info@studentminds.org.uk

LLYFRYDDIAETH

(Gweler hefyd yr adran Gwybodaeth Ddefnyddiol.)

Barnes, C.M. a Drake, C.L. (2015) 'Prioritizing sleep health: Public health policy recommendations.' *Perspectives on Psychological Science*, 10(6), 733–7.

Cartwright-Hatton, S., Roberts, C., Chitsabesan, P., Fothergill, C. a Harrington, R. (2004) 'Systematic review of the efficacy of cognitive behaviour therapies for childhood and adolescent anxiety disorders.' *British Journal of Clinical Psychology*, 43, 4, 421–436.

Chaskalson, M. (2014) *Mindfulness in Eight Weeks*. Llundain: Harper Thorsons.

Coan, J.A., Schaefer, H.S. a Davidson, R.J. (2006) 'Lending a hand: Social regulation of the neural response to threat.' *Psychological Medicine*, 17, 12, 1032–9.

Costello, E.J., Copeland, W. ac Angold, A. (2011) 'Trends in psychopathology across the adolescent years: What changes when children become adolescents, and when adolescents become adults?' *The Journal of Child Psychology and Psychiatry*, 52, 10, 1015–25.

Fox, N.A., Henderson, H.A., Marshall, P.J., Nichols, K.E. a Ghera, M.M. (2005) 'Behavioral inhibition: Linking biology and behavior within a developmental framework.' *Annual Review of Psychology*, 56, 1, 235–62.

Gerhardt, S. (2004) *Why Love Matters*. Hove: Brunner Routledge.

Hirshkowitz, M., Whiton, K., Albert, S.M., Alessi, C. *et al.* (2015) 'National Sleep Foundation's sleep time duration recommendations: Methodology and results summary.' *Sleep Health*, 1, 1, 40–43.

Hoffman, S.G. (2008) 'Cognitive processes during fear acquisition and extinction in animals and humans: Implications for exposure therapy of anxiety disorders.' *Clinical Psychology Review, 28,* 2, 199–210.

Kahneman, D. (2011) *Thinking, Fast and Slow.* Efrog Newydd: Farrar Straus and Giroux.

Kessler, R., Angermeyer, M., Anthony, J.C., De Graaf, R. *et al.* (2007) 'Lifetime prevalence and age-of-onset distributions of mental disorders in the World Health Organization's World Mental Health Survey Initiative.' *World Psychiatry, 6,* 3, 168–76.

Polanczyk, G.V., Salum, G.A., Sugaya, L.S., Caye, A. a Rohde, L.A. (2015) 'Annual Research Review: A meta-analysis of the worldwide prevalence of mental disorders in children and adolescents.' *Journal of Child Psychology and Psychiatry, 56,* 3, 1–21.

Rutter, M., Kim-Cohen, J. a Maughan, B. (2006) 'Continuities and discontinuities in psychopathology between childhood and adult life.' *The Journal of Child Psychology and Psychiatry, 47,* 3–4, 276–95.

Stewart, R.E. a Chambless, D.L. (2009) 'Cognitive-behavioral therapy for adult anxiety disorders in clinical practice: A meta-analysis of effectiveness studies.' *Journal of Consulting and Clinical Psychology, 77,* 4, 595–606.

Williams, M. a Penman, D. (2020) *Meddylgarwch: Canllaw ymarferol i ganfod heddwch mewn byd gorffwyll.* Talybont: Y Lolfa.

Yoost, B.L. a Crawford, L.R. (2015) *Fundamentals of Nursing: Active Learning for Collaborative Practice.* Missouri: Elsevier.

MYNEGAI